Siempre con Él

Una meditación para cada día

Ediciones Palabra
Madrid

© Fulgencio Espa Feced, 2024
© Antonio Fernández Velasco, 2024
© Fernando del Moral Acha, 2024
    Ediciones Palabra, S.A., 2024
    Paseo de la Castellana, 210 – 28046 MADRID (España)
    Telf.: (34) 91 350 77 20 – (34) 91 350 77 39
    www.palabra.es
    palabra@palabra.es

Diseño de portada: Equipo de producción
ISBN: 978-84-1368-332-4
Depósito legal: M-10.899-2024
Impresión: Gohegraf, S.L.
Printed in Spain – Impreso en España

FULGENCIO ESPA
ANTONIO FERNÁNDEZ
FERNANDO DEL MORAL

Siempre con Él

*Una meditación
para cada día*

Tiempo ordinario
Semanas VII-XIII

PALABRA

CALENDARIO LITÚRGICO	2024 B	2025 C	2026 A	2027 B	2028 C	2029 A	2030 B	2031 C	2032 A	2033 B	2034 C
2ª después de Navidad	—	5 ene.	4 ene.	3 ene.	2 ene.	—	—	5 ene.	4 ene.	2 ene.	—
Epifanía del Señor	6 ene.	6 ene.	6 ene.	6 ene.	6 ene.	6 ene.	6 ene.	6 ene.	6 ene.	6 ene.	6 ene.
Bautismo del Señor	7 ene.	12 ene.	11 ene.	10 ene.	9 ene.	7 ene.	13 ene.	12 ene.	11 ene.	9 ene.	8 ene.
2ª de tpo. ordinario	14 ene.	19 ene.	18 ene.	17 ene.	16 ene.	14 ene.	20 ene.	19 ene.	18 ene.	16 ene.	15 ene.
3ª de tpo. ordinario	21 ene.	26 ene.	25 ene.	24 ene.	23 ene.	21 ene.	27 ene.	26 ene.	25 ene.	23 ene.	22 ene.
4ª de tpo. ordinario	28 ene.	2 feb.	1 feb.	31 ene.	30 ene.	28 ene.	3 feb.	2 feb.	1 feb.	30 ene.	29 ene.
5ª de tpo. ordinario	4 feb.	9 feb.	8 feb.	7 feb.	6 feb.	4 feb.	10 feb.	9 feb.	8 feb.	6 feb.	5 feb.
6ª de tpo. ordinario	11 feb.	16 feb.	15 feb.	—	13 feb.	11 feb.	17 feb.	16 feb.	—	13 feb.	12 feb.
7ª de tpo. ordinario	20 may.	23 feb.	—	17 may.	20 feb.	21 may.	24 feb.	23 feb.	17 may.	20 feb.	19 feb.
8ª de tpo. ordinario	27 may.	2 mar.	25 may.	24 may.	27 feb.	28 may.	3 mar.	—	24 may.	27 feb.	29 may.
9ª de tpo. ordinario	3 jun.	—	1 jun.	31 may.	5 jun.	4 jun.	—	2 jun.	31 may.	—	5 jun.
MIÉRCOLES DE CENIZA	14 feb.	5 mar.	18 feb.	10 feb.	1 mar.	14 feb.	6 mar.	26 feb.	11 feb.	2 mar.	22 feb.
1ª de Cuaresma	18 feb.	9 mar.	22 feb.	14 feb.	5 mar.	18 feb.	10 mar.	2 mar.	15 feb.	6 mar.	26 feb.
2ª de Cuaresma	25 feb.	16 mar.	1 mar.	21 feb.	12 mar.	25 feb.	17 mar.	9 mar.	22 feb.	13 mar.	5 mar.
3ª de Cuaresma	3 mar.	23 mar.	8 mar.	28 feb.	19 mar.	4 mar.	24 mar.	16 mar.	29 feb.	20 mar.	12 mar.
4ª de Cuaresma	10 mar.	30 mar.	15 mar.	7 mar.	26 mar.	11 mar.	31 mar.	23 mar.	7 mar.	27 mar.	19 mar.
5ª de Cuaresma	17 mar.	6 abr.	22 mar.	14 mar.	2 abr.	18 mar.	7 abr.	30 mar.	14 mar.	3 abr.	26 mar.
Domingo de Ramos	24 mar.	13 abr.	29 mar.	21 mar.	9 abr.	25 mar.	14 abr.	6 abr.	21 mar.	10 abr.	2 abr.
DOMINGO DE PASCUA	31 mar.	20 abr.	5 abr.	28 mar.	16 abr.	1 abr.	21 abr.	13 abr.	28 mar.	17 abr.	9 abr.
2ª de Pascua	7 abr.	27 abr.	12 abr.	4 abr.	23 abr.	8 abr.	28 abr.	20 abr.	4 abr.	24 abr.	16 abr.
3ª de Pascua	14 abr.	4 may.	19 abr.	11 abr.	30 abr.	15 abr.	5 may.	27 abr.	11 abr.	1 may.	23 abr.
4ª de Pascua	21 abr.	11 may.	26 abr.	18 abr.	7 may.	22 abr.	12 may.	4 may.	18 abr.	8 may.	30 abr.
5ª de Pascua	28 abr.	18 may.	3 may.	25 abr.	14 may.	29 abr.	19 may.	11 may.	25 abr.	15 may.	7 may.
6ª de Pascua	5 may.	25 may.	10 may.	2 may.	21 may.	6 may.	26 may.	18 may.	2 may.	22 may.	14 may.
7ª de Pascua (Ascensión)	12 may.	1 jun.	17 may.	9 may.	28 may.	13 may.	2 jun.	25 may.	9 may.	29 may.	21 may.
PENTECOSTÉS	19 may.	8 jun.	24 may.	16 may.	4 jun.	20 may.	9 jun.	1 jun.	16 may.	5 jun.	28 may.
Lunes después Pentecostés	20 may.	9 jun.	25 may.	17 may.	5 jun.	21 may.	10 jun.	2 jun.	17 may.	6 jun.	29 may.
Comienza sem. del tpo. ord.	7ª sem.	10ª sem.	8ª sem.	7ª sem.	9ª sem.	7ª sem.	10ª sem.	9ª sem.	7ª sem.	10ª sem.	8ª sem.
Santísima Trinidad	26 may.	15 jun.	31 may.	23 may.	11 jun.	27 may.	16 jun.	8 jun.	23 may.	12 jun.	4 jun.
Cuerpo y Sangre de Cristo	2 jun.	22 jun.	7 jun.	30 may.	18 jun.	3 jun.	23 jun.	15 jun.	30 may.	19 jun.	11 jun.

CALENDARIO LITÚRGICO	2024 B	2025 C	2026 A	2027 B	2028 C	2029 A	2030 B	2031 C	2032 A	2033 B	2034 C
9ª de tpo. ordinario	3 jun.	—	1 jun.	31 may.	5 jun.	4 jun.	—	2 jun.	31 may.	—	5 jun.
10ª de tpo. ordinario	9 jun.	9 jun.	8 jun.	6 jun.	12 jun.	10 jun.	10 jun.	9 jun.	6 jun.	6 jun.	11 jun.
11ª de tpo. ordinario	16 jun.	16 jun.	14 jun.	13 jun.	19 jun.	17 jun.	17 jun.	16 jun.	13 jun.	13 jun.	18 jun.
12ª de tpo. ordinario	23 jun.	23 jun.	21 jun.	20 jun.	25 jun.	24 jun.	24 jun.	22 jun.	20 jun.	20 jun.	25 jun.
13ª de tpo. ordinario	30 jun.	29 jun.	28 jun.	27 jun.	2 jul.	1 jul.	30 jun.	29 jun.	27 jun.	26 jun.	2 jul.
14ª de tpo. ordinario	7 jul.	6 jul.	5 jul.	4 jul.	9 jul.	8 jul.	7 jul.	6 jul.	4 jul.	3 jul.	9 jul.
16ª de tpo. ordinario	21 jul.	20 jul.	19 jul.	18 jul.	23 jul.	22 jul.	21 jul.	20 jul.	18 jul.	17 jul.	23 jul.
17ª de tpo. ordinario	28 jul.	27 jul.	26 jul.	25 jul.	30 jul.	29 jul.	28 jul.	27 jul.	25 jul.	24 jul.	30 jul.
18ª de tpo. ordinario	4 ago.	3 ago.	2 ago.	1 ago.	6 ago.	5 ago.	4 ago.	3 ago.	1 ago.	31 jul.	6 ago.
19ª de tpo. ordinario	11 ago.	10 ago.	9 ago.	8 ago.	13 ago.	12 ago.	11 ago.	10 ago.	8 ago.	7 ago.	13 ago.
20ª de tpo. ordinario	18 ago.	17 ago.	16 ago.	15 ago.	20 ago.	19 ago.	18 ago.	17 ago.	15 ago.	14 ago.	20 ago.
21ª de tpo. ordinario	25 ago.	24 ago.	23 ago.	22 ago.	27 ago.	26 ago.	25 ago.	24 ago.	22 ago.	21 ago.	27 ago.
22ª de tpo. ordinario	1 sep.	31 ago.	30 ago.	29 ago.	3 sep.	2 sep.	1 sep.	31 ago.	29 ago.	28 ago.	3 sep.
23ª de tpo. ordinario	8 sep.	7 sep.	5 sep.	5 sep.	10 sep.	9 sep.	8 sep.	7 sep.	5 sep.	4 sep.	10 sep.
24ª de tpo. ordinario	15 sep.	14 sep.	13 sep.	12 sep.	17 sep.	16 sep.	15 sep.	14 sep.	12 sep.	11 sep.	17 sep.
25ª de tpo. ordinario	22 sep.	21 sep.	20 sep.	19 sep.	24 sep.	23 sep.	22 sep.	21 sep.	19 sep.	18 sep.	24 sep.
26ª de tpo. ordinario	29 sep.	28 sep.	27 sep.	26 sep.	1 oct.	30 sep.	29 sep.	28 sep.	26 sep.	25 sep.	1 oct.
27ª de tpo. ordinario	6 oct.	5 oct.	4 oct.	3 oct.	8 oct.	7 oct.	6 oct.	5 oct.	3 oct.	2 oct.	8 oct.
28ª de tpo. ordinario	13 oct.	12 oct.	11 oct.	10 oct.	15 oct.	14 oct.	13 oct.	12 oct.	10 oct.	9 oct.	15 oct.
29ª de tpo. ordinario	20 oct.	19 oct.	18 oct.	17 oct.	22 oct.	21 oct.	20 oct.	19 oct.	17 oct.	16 oct.	22 oct.
30ª de tpo. ordinario	27 oct.	26 oct.	25 oct.	24 oct.	29 oct.	28 oct.	27 oct.	26 oct.	24 oct.	23 oct.	29 oct.
31ª de tpo. ordinario	3 nov.	2 nov.	1 nov.	31 oct.	5 nov.	4 nov.	3 nov.	2 nov.	31 oct.	30 oct.	5 nov.
32ª de tpo. ordinario	10 nov.	9 nov.	8 nov.	7 nov.	12 nov.	11 nov.	10 nov.	9 nov.	7 nov.	6 nov.	12 nov.
33ª de tpo. ordinario	17 nov.	16 nov.	15 nov.	14 nov.	19 nov.	18 nov.	17 nov.	16 nov.	14 nov.	13 nov.	19 nov.
34ª de tpo. ord. (Cristo Rey)	24 nov.	23 nov.	22 nov.	21 nov.	26 nov.	25 nov.	24 nov.	23 nov.	21 nov.	20 nov.	26 nov.
	C	A	B	C	A	B	C	A	B	C	A
1ª de Adviento	1 dic.	30 nov.	29 nov.	28 nov.	3 dic.	2 dic.	1 dic.	30 nov.	28 nov.	27 nov.	3 dic.
2ª de Adviento	8 dic.	7 dic.	6 dic.	5 dic.	10 dic.	9 dic.	8 dic.	7 dic.	5 dic.	4 dic.	10 dic.
3ª de Adviento	15 dic.	14 dic.	13 dic.	12 dic.	17 dic.	16 dic.	15 dic.	14 dic.	12 dic.	11 dic.	17 dic.
4ª de Adviento	22 dic.	21 dic.	20 dic.	19 dic.	24 dic.	23 dic.	22 dic.	21 dic.	19 dic.	18 dic.	24 dic.
NATIVIDAD DEL SEÑOR	25 dic.	25 dic.	25 dic.	25 dic.	25 dic.	25 dic.	25 dic.	25 dic.	25 dic.	25 dic.	25 dic.
Sagrada Familia	29 dic.	28 dic.	27 dic.	26 dic.	31 dic.	30 dic.	29 dic.	28 dic.	26 dic.	30 dic.	31 dic.

SÉPTIMO DOMINGO. CICLO A

1. Tomarse el evangelio en serio.

2. El perdón hasta las últimas consecuencias.

3. Un examen en la montaña.

1. Dramático y sereno diálogo frente a la próxima muerte. «—Adela, tú, serenidad, que yo me siento con valor para ir a la muerte. Tengo la conciencia tranquila que me da el deber cumplido… No, no me espanta la muerte, la miro frente a frente… y no me espanta»… Enseguida, con toda serenidad, me empezó a dar normas respecto a la educación de nuestros hijos. Se hizo un momento de silencio que yo respeté, pues me parecía que hondas reflexiones embargaban su alma y, como queriendo confirmar mis sospechas, exclamó: «—Adela, ¡con lo felices que éramos y solo porque sí deshacer un hogar feliz!». Pero al momento, como cambiado por un resorte y como quien desecha una pesadilla, me dijo con toda serenidad:«—Adela, tú sigue viviendo con la mirada puesta siempre en Dios y en el Cielo, que allí volveremos a unirnos». Y, con el semblante inundado de gozo y rebosado de alegría, decía como recreándose: «—Y allí ya no habrá quien nos separe». (Nueva pausa) «—Ahora, continuó, voy a pedirte una cosa antes de morir». «—Tú dirás», le repliqué. «—Pues mira: que les perdones de todo corazón, como yo les perdono». Yo, emocionada y conmovida por la grandeza de su alma, le dije: «—Sí, Andrés, yo les perdono». Pero él, aunque tenía fe en mis palabras, volvió a insistir y ponía en sus palabras toda su alma: «—Que lo hagas de todo corazón, como yo lo hago». «—Vete tranquilo, que yo les perdono de todo corazón», fue mi respuesta. Sin duda que esto era su obsesión. Y, convencido de mi perdón, me trazó la norma que debía seguir: «—Mira, Adela, aún quiero más: quiero que, aunque algún día tengas ocasión de hacer algo contra ellos, no lo hagas; antes al contrario, hazles todo el bien que puedas. Mira, hija, para que haya víctimas, tiene que haber verdugos»[1]. Es la transcripción de la última conversación entre el Siervo de Dios Andrés Salgado, médico de profesión y padre de cinco hijos, y su esposa Adela Ruiz-Tapiador. Andrés fue martirizado en Toledo el 29 de agosto de 1936. Quizá hoy hemos olvidado que vivir el evangelio tiene sus consecuencias.

2. En el evangelio de este domingo continuamos leyendo el Sermón de la montaña. De la mano de Mateo, vamos aprendiendo qué significa ser cristiano y las implicaciones que de ello se derivan. Son textos para meditar despacio; en ellos encontramos el porqué de nuestra existencia cristiana, y cómo hemos de conducirnos para vivir en plenitud nuestra vocación bautismal. «El evangelio de este domingo contiene una de las expresiones más típicas y

---

[1] J. LÓPEZ TEULÓN, *Que no tiemble vuestro corazón, llamados a la santidad*, 200-202.

fuertes de la predicación de Jesús: "Amad a vuestros enemigos. Es casi un 'manifiesto' presentado a todos, sobre
el cual pide la adhesión de sus discípulos, proponiéndo-
les en términos radicales su modelo de vida". Ayer, como
hoy, esta petición del Maestro resulta escandalosa, políticamente incorrecta. ¿Por qué tengo que querer a quien
me hace mal? ¿No tengo derecho a resarcirme del daño
sufrido en cuanto se me presente la primera oportunidad?

»Pero ¿cuál es el sentido de esas palabras? ¿Por qué
Jesús pide amar a los propios enemigos, o sea, un amor
que excede la capacidad humana? En realidad, la propuesta de Cristo es realista, porque tiene en cuenta que
en el mundo hay demasiada violencia, demasiada injusticia y, por tanto, solo se puede superar esta situación con-
traponiendo un plus de amor, un plus de bondad. Este
"plus" viene de Dios: es su misericordia, que se ha hecho
carne en Jesús y es la única que puede "desequilibrar" el
mundo del mal hacia el bien, a partir del pequeño y decisivo "mundo" que es el corazón del hombre»[2].

Jesús hoy nos está presentando una característica
fundamental en su seguimiento. San Juan de la Cruz
lo recogerá de otro modo en el siglo XVI: «pon amor
donde no hay amor y sacarás amor». ¿Vivimos verdaderamente así? ¿No nos sucede más bien, como a los escribas y fariseos, que estamos bien con nuestro grupo de
amigos o con quienes nos caen bien, obviando al resto?
La acepción de personas puede ser una manifestación
de esta falta de caridad.

---

[2] Benedicto XVI, *Ángelus* (18-02-2007).

«Con razón, esta página evangélica se considera la carta magna de la no violencia cristiana, que no consiste en rendirse ante el mal –según una falsa interpretación de "presentar la otra mejilla" (cfr. *Lc* 6, 29)–, sino en responder al mal con el bien (cfr. *Rm* 12, 17-21), rompiendo de este modo la cadena de la injusticia. Así, se comprende que para los cristianos la no violencia no es un mero comportamiento táctico, sino más bien un modo de ser de la persona, la actitud de quien está tan convencido del amor de Dios y de su poder, que no tiene miedo de afrontar el mal únicamente con las armas del amor y de la verdad»[3]. La auténtica paz solo puede brotar del corazón de un hijo de Dios que se sabe amado y perdonado por su Padre del cielo.

3. «El amor a los enemigos constituye el núcleo de la "revolución cristiana", revolución que no se basa en estrategias de poder económico, político o mediático. La revolución del amor, un amor que en definitiva no se apoya en los recursos humanos, sino que es don de Dios que se obtiene confiando únicamente y sin reservas en su bondad misericordiosa. Esta es la novedad del evangelio, que cambia el mundo sin hacer ruido. Este es el heroísmo de los "pequeños", que creen en el amor de Dios y lo difunden incluso a costa de su vida»[4].

El evangelio de hoy es políticamente incorrecto. En muchos campos de nuestra vida parece que hemos vuelto al ojo por ojo y diente por diente; se suceden a nuestro alrededor los escenarios de violencia y rencor,

---

[3] *Ibid.*
[4] *Ibid.*

donde la caridad o el amor mutuo se perciben como una debilidad.

Como todo lo contenido en el Sermón de la montaña, el llamamiento que hoy nos hace Jesús es exigente y precisa una fuerte dosis de visión sobrenatural. Todos nosotros llevamos en nuestro interior un pequeño enemigo de la caridad y el amor, que en muchas ocasiones quiere imponerse. Nos cuesta mucho perdonar y en no pocas ocasiones pedir perdón.

No viene mal, de vez en cuando, que nos examinemos sobre cómo reaccionamos ante aquellos que nos ofenden, que no nos quieren bien o que nos ponen zancadillas en nuestro camino. Quizá son oportunidades perdidas de santificarnos, de responder con amor al amor de Dios.

El Sermón de la montaña puede ser una excelente falsilla para realizar un exigente examen de conciencia que nos devuelva la alegría y la lucha por ser verdaderos discípulos del Maestro.

SÉPTIMO DOMINGO. CICLO B

1. ¡Qué bueno es tener amigos llenos de fe!
2. Un muerto viviente o un viviente muerto por dentro.
3. Da igual la opinión que se tenga de él, es mi amigo.

1. La amistad es, junto al amor –en realidad, la propia amistad no deja de ser un tipo de amor–, uno de los principales argumentos de la literatura y del cine. ¡Cuántos amigos leales y fieles, cuyas aventuras o desventuras hemos leído o visto, pueden venir a nuestra memoria! Gimli y Légolas, los cuatro de *Cuenta conmigo* o la pandilla de *Los Goonies*, Harry, Ron y Hermione... Pero ahora me viene a la cabeza aquella escena de la película *Forrest Gump* en la que Forrest busca desesperadamente a su amigo Bubba en la jungla mientras son atacados por el ejército de Vietnam del Norte. En medio de la confusión y bajo el fuego enemigo, desde la posición segura que había conseguido alcanzar, Forrest se interna una y otra vez en la selva en su busca y, cada vez, encuentra a otro compañero de pelotón al que carga sobre sus hombros y pone a salvo. Por fin, en su última incursión, da con su amigo que se encuentra muy malherido. Lo toma en brazos y lo lleva corriendo hasta el resto. Algo así hacen aquellos cuatro hombres en el pasaje del evangelio de hoy (cfr. *Mc* 2, 1-12). Insisten y vencen toda dificultad hasta conseguir llevar a su amigo hasta Jesús. Expuestos, no al fuego de las balas, sino al de la burla de sus conciudadanos o, lo que es más grave, la censura y el juicio de fariseos y escribas. Teniendo que inventar un camino por el techo ante la imposibilidad de penetrar esa multitud que se apretuja frente al Señor. Nada les detiene, nada les desanima. Les mueve su fe en Jesús, tal y como el Señor pondrá de manifiesto, y la amistad por su amigo aquejado de aquella parálisis.

Es una buena pregunta para hacerte delante de Jesús, si tienes amigos así o si acaso tú mismo eres de esta manera para tus amigos. Pregunta que, en realidad, apunta hacia cómo son tus amistades; a qué clase de relaciones cultivas o qué hay en el centro de las mismas.

2. San Marcos no da puntada sin hilo. Todo en su relato está lleno de significado, también los silencios o ausencias. Y es muy significativo el silencio del paralítico y la ausencia de toda actividad por su parte hasta el final de la escena, cuando siguiendo el mandato de Jesús se levanta, toma su camilla y echa a caminar. Más si lo comparas con otras narraciones de curaciones o milagros. Aquel ciego que grita a las puertas de Jericó o el leproso que clama desde lejos, también aquella mujer que busca tocar su manto... todos ellos acuden a Jesús y de un modo u otro le piden lo que necesitan. En cambio, este hombre, postrado en su camilla, no abre la boca. Son sus amigos los que le llevan a Jesús y hablan, con sus acciones, por él. De nuevo, pensar en otras situaciones semejantes en los evangelios nos puede dar luz. Jairo acude a Jesús para pedir la sanación de su hija que agoniza, el centurión hace lo mismo por su criado o aquella mujer que está enterrando a su hijo. En todos esos casos el beneficiario de la fuerza curativa de Cristo no habla ni se mueve porque o está muerto o agoniza. ¿Qué sucede en la escena de hoy?

La gracia que le concede Jesús nos da la pista definitiva para comprenderlo. Porque, a diferencia de todas las escenas que hemos traído a la memoria, en las que el Señor les devuelve la salud corporal de manera inmediata, en esta ocasión lo primero que hace es perdonar los pecados del paralítico. Jesús sabe lo que es más urgente y necesario. Aquel hombre, encadenado a la camilla por su parálisis, está atado más fuertemente a la desesperación y a la amargura por sus pecados. Hasta el punto de que, como quien agoniza o ya ha muerto, ni siquiera puede clamar pidiendo auxilio. El pecado es, verdaderamente, la muerte del alma. Nos va paralizando con las cadenas de la tristeza, a veces lentamente, otras tan rápido que casi no nos damos cuenta. Solo el Señor puede remediarlo.

3. Cayó a mis manos un libro de principios del siglo XX titulado *Medicina pastoral* que, en uno de sus capítulos, exponía los que denominaba «signos ciertos de muerte» de cara a poder estar seguro de que una persona había fallecido. Pues bien, detallaba dos: la rigidez cadavérica y la putrefacción. Te ahorraré detalles. Pero como supones eso de la putrefacción no huele bien ni se ve agradable. Si un cadáver físico enseguida desprende la fragancia hedionda de la muerte, un cadáver moral también. El pecado, cuando se arraiga en el alma y no se combate, hace brotar en la persona su desagradable fragancia en la forma de tristeza, malhumor, impaciencia, egoísmo... Lo sabes bien. Porque a veces todas esas cosas aparecen en tu ánimo sin que sepas muy bien por qué y, a poco que lo medites, encontrarás razón de ello en tus malas acciones o torcidos pensamientos.

Los años en aquella camilla, las maldades cometidas, el resentimiento con la vida, incluso con sus amigos porque ellos están sanos, todo ello ha ido llenando de podredumbre el corazón de aquel paralítico. Y difícilmente aquello no haría de él una persona de difícil trato. Quizá con un mordaz sarcasmo y una actitud ante la vida cargada de cinismo. Es posible que aquellos amigos viviesen con dolor el camino de amargura emprendido por el paralítico y que se distanciasen sin más motivo que los ajetreos de la vida y la creciente dificultad para tratar con él. Pero, como dice Bogart –dando vida al detective Sam Spade– en *El Halcón Maltés* al explicar a la mujer, que había llevado a su socio a una trampa en que lo habían asesinado, por qué la entregaba a la policía: «da igual la opinión que se tenga de él. Es mi socio y tenía que hacer algo». Y ellos tienen que hacer algo, porque es su amigo. En un arrebato, lo toman con su camilla y, a pesar de los improperios iniciales, lo llevan ante Jesús. No porque sea bueno, no por sus virtudes o lo agradable de su compañía, lo hacen porque es su amigo.

Aquí puedes encontrar una ventana para asomarte al amor que Jesús te tiene. Da igual la opinión que se pudiera hacer de ti a partir de tus errores y pecados. Dan igual las marcas que la vida y los senderos torcidos que has transitado han dejado en tu cuerpo y en tu alma. Porque tú eres su amigo y solo eso importa para que Él tenga misericordia de ti.

SÉPTIMO DOMINGO. CICLO C

1. La partitura del evangelio.
2. Dios como término de comparación.
3. El camino de la auténtica felicidad.

1. Nos trasladamos con la imaginación junto a Jesús en una de esas caminatas. Judea. Siglo I. Un paisaje parecido al levante español. Para que te sea familiar. Nos hemos parado en una llanura y comienza a enseñarnos; empieza con las bienaventuranzas y el Señor no se anda con chiquitas: el hombre ha sido creado para ser feliz; o lo que es lo mismo, para el amor y la comunión plena con Dios. Pero no volvamos atrás, porque esto sucedió el domingo pasado.

¿Qué es entonces lo que pasa hoy? Seguimos en esa conversación con el Maestro y sus palabras se vuelven duras, exigentes. Nos despiertan: *Amad a vuestros enemigos, haced el bien a los que os odian, bendecid a los que os maldicen, orad por los que os injurian* (Lc 6, 27-28). ¿Lo está diciendo en serio? ¿Esto es posible? Para los que escucharon estas palabras por primera vez –también para ti y para mí hoy– quizás algo se revolvió por dentro. Esta no es la lógica humana, esta no es la típica frase que estamos habituados a escuchar, al contrario; ahora lo imperante es la ley del más fuerte, responder con más energía... sin embargo, Jesús nos enseña una pedagogía distinta. ¿Queremos entrar en su escuela?

Esto conlleva un camino, no es inmediato. Jesús nos señala el fin y nos capacita. Se preguntaba el papa Benedicto XVI: «¿podemos de verdad amar al "prójimo", cuando nos resulta extraño o incluso antipático? Sí, podemos, si somos amigos de Dios. Si somos amigos de Cristo. Si somos amigos de Cristo queda cada vez más claro que Él nos ha amado y nos ama, aunque con frecuencia alejemos de Él nuestra mirada y vivamos según otros criterios. Si, en cambio, la amistad con Dios se convierte para nosotros en algo cada vez más importante y decisivo, entonces comenzaremos a amar a aquellos a quienes Dios ama y que tienen necesidad de nosotros. Dios quiere que seamos amigos de sus amigos y nosotros podemos serlo, si estamos interiormente cerca de ellos»[1]. Solo quien está muy cerca de Dios puede estar verdaderamente muy cerca de los demás.

El evangelio no se escribió para ser leído sino para vivirlo, como una partitura no se escribe para ser enmarcada sino interpretada por las manos de un genio. Hace unos años una mujer argentina conmovió al país cuando en pleno juicio se acercó al asesino de su hijo, lo perdonó públicamente, le regaló un rosario, lo abrazó y le pidió acercarse a Dios.

Le dijo: «solamente la oración calma cada día mi dolor. Solo Dios cura las heridas. Yo te perdono. En esta

---

[1] BENEDICTO XVI, Carta a la Revista *Famiglia cristiana* (01-02-2006).

tierra hay mucha violencia. Y tú has sido víctima de ella desde que naciste. Es el amor el que también ayuda a curar las heridas», y lo abrazó.

A veces leer historias como esta nos empujan a considerar si somos de los que leemos el evangelio o de los que procuramos vivirlo. Quizás no se nos brinden oportunidades tan radicales, pero todos tenemos experiencia de lo que cuesta amar gratuitamente, y de amar a quien me hace mal.

2. Continúa Jesús enseñándonos: *Tratad a los demás como queréis que ellos os traten. Pues, si amáis solo a los que os aman, ¿qué mérito tenéis? También los pecadores aman a los que los aman. Y si hacéis bien solo a los que os hacen bien, ¿qué mérito tenéis? También los pecadores lo hacen* (*Lc* 6, 31-33).

Regla de oro han llamado a algunos a estas palabras del Maestro, tratar como quiero ser tratado, pero ¿en todas las ocasiones y a todas las personas? Sí, porque no nos falta su gracia. Leer estas palabras mirando solo nuestras fuerzas o con la lógica puramente humana no solo no tienen sentido, sino que son irrealizables. Pero Dios no deja de darnos su gracia, es Él quien nos capacita.

En estas palabras encontramos una invitación de Jesús a no conformarnos con una ley de mínimos sino aspirar a lo mayor. A veces nos pasa que miramos a nuestro alrededor (en medio de un mundo paganizado y que se quiere alejar de Dios) y nos vemos por encima de la media, pero Jesús nos invita a mirar ¡al Padre! como término de comparación: *Sed compasivos como vuestro Padre es compasivo.*

Experimentar el amor de Dios –san Ignacio de Loyola diría algo como «gustar del amor de Dios»– es el inicio de nuestra transformación interior. ¿Cómo es Dios contigo? ¿Te acusa y se recrea en tus defectos y pecados o está siempre con los brazos abiertos y el Corazón abierto dispuesto a perdonarte? Solo quien ha vivido en primera persona el amor está capacitado para amar. El amor (y pon aquí también la compasión, la misericordia) no se aprende en los libros sino en la realidad vivida; no es una verdad teórica sino muy práctica.

El sacramento de la penitencia es una auténtica escuela de perdón: Dios te perdona y te capacita para perdonar; te abraza y te capacita para amar. La existencia de un cristiano, coherente con su vocación bautismal, es la de aquel que atravesado por el amor de Dios no se conforma, sino con ser reflejo de ese Amor (con mayúsculas) en medio del mundo. No se trata de «ser bueno» sino de ser como Dios.

3. Para muchas personas la felicidad está en satisfacer todas sus necesidades convirtiéndose ellos en el catalizador de su propia felicidad. Ese camino –lo hemos experimentado muchas veces, y lo comprobamos otras tantas a nuestro alrededor– es una calle sin salida. ¡No es verdad que la felicidad esté en eso!

Las Bienaventuranzas, el domingo pasado y el evangelio de hoy, nos señalan una clave distinta: *dad, y se os dará: os verterán una medida generosa, colmada, remecida, rebosante* (*Lc* 6, 38). La felicidad está en darnos a los demás, en salir de nosotros mismos y darnos a los otros. «Darse sinceramente a los demás es de tal eficacia, que Dios lo premia con una humildad llena de alegría»[2].

Esto exige de cada uno una disposición interior, descentrarnos del yo para abrirnos a los demás. Es posible que cerca de nosotros haya alguien que necesite algo: en tu mismo bloque de viviendas, en tu universidad o en tu trabajo; ¡solo hay que abrir los ojos y dejar que el Espíritu Santo dilate nuestro corazón! Serán cosas sencillas: ayudar a alguien que va cargado, abrirle una puerta o esperarle para tomar un café juntos. Hay muchísimas cosas que son tan pequeñas que mucha gente no se da cuenta de ellas. Pero los santos sí lo hicieron. Todas las grandes obras que hoy contemplamos en el mundo educativo o asistencial tienen su origen en un hombre, en una mujer, que supieron detectar necesidades y creyeron que eran ellos los que debían responder a ellas y no otros. Al terminar este rato de oración pidamos al Espíritu Santo que dilate nuestra mirada para estar atentos a las necesidades que puedan surgir a nuestro alrededor, y mueva nuestro corazón para no quedarnos encerrados en nosotros, sino ponernos en actitud de entrega y servicio, como María.

---

[2] *Forja*, 591.

SÉPTIMA SEMANA. LUNES

1. A Jesús le enfada que critiquen a los suyos.
2. Las consecuencias de la presencia del demonio en el alma.
3. La eficacia de la gracia de Dios.

1. Al comienzo del evangelio que la liturgia nos presenta en este día, un padre atribulado presenta a Cristo una queja. Lamenta que los apóstoles hayan sido incapaces de expulsar el demonio que tanto mal obra en su hijo. El Señor reacciona airadamente, y pronuncia palabras duras cuya resonancia hace temblar nuestra propia alma: ¡Gente sin fe! ¿Hasta cuándo estaré con vosotros? ¿Hasta cuándo tendré que soportaros? (*Mc* 9, 19).

Es un grito tremendo. ¿Pero a quién se dirige el Señor? ¿Quiénes son esos «hombres sin fe»? Inicialmente nos inclinamos a pensar que se refiere a los apóstoles y por tanto, a cada uno de nosotros. Jesús lamenta la poca fe de sus seguidores, porque han sido incapaces de hacer frente al enemigo. Al Señor le duele nuestra escasa vida de oración.

Sin embargo, es también posible otra interpretación. La hace notar san Cirilo, y está recogida en el medieval texto de la *Catena Aurea*. Puesto que la queja proviene de él, «el que debe reputarse incrédulo es el padre del endemoniado». Cirilo exculpa a los discípulos y prosigue: el padre «atacó a los apóstoles diciendo que no podían mandar a los demonios. Sin embargo, mejor era, honrando a Dios, pedirle gracia, puesto que la concede a los que lo honran». En suma, Cirilo supone que el padre pidió con poca fe y por eso Jesús es «como si le dijese: la gracia no ha producido su efecto a causa de tu infidelidad».

Este Padre de la Iglesia entiende que a Jesucristo le sienta muy mal que los hombres hablen en contra de sus ministros, aunque a veces estos sean incapaces de obrar la gracia de Dios en las almas. Es verdad. A Jesús, que es totalmente puro, le disgustan las personas de malos modos, que rebuscan en las acciones de los suyos para poner de manifiesto sus vergüenzas. No le cansa lo poco que podemos los hombres –¿cómo podría extrañarle?–, sino más bien la crítica de los malvados, que murmuran, calumnian y difaman a los amigos de Dios.

El enojo del Señor tiene consecuencias muy inmediatas para nosotros. En primer lugar, respecto a nuestro juicio sobre la Iglesia, que nunca puede ser maledicente o simplón, sino sobrenatural y formado. En segundo lugar, que si nunca hemos de hablar mal de nadie, con mucha mayor razón cuando se trata de los ungidos de Dios, los apóstoles del Verbo, esto es, de los sacerdotes y los obispos de la Iglesia.

2. El evangelio describe a la perfección los males que sufre este muchacho bajo la acción de demonio. Detenernos en ellos nos ayudará a percibir la hondura del mal que Satanás siembra en las almas, silenciosa y maliciosamente.

La primera característica que el evangelista hace notar es que el demonio «no deja hablar» al endemoniado. Es un interés satánico por excelencia hacer callar a las conciencias su pecado y sus dificultades. Sabe bien que, de ese modo, será imposible que la gracia actúe en ellos. En efecto, mientras se oculte la enfermedad es imposible la curación.

Dicen que está en Subiaco (Italia) el lugar donde aún hoy podemos contemplar un confesonario bien particular. En la zona del penitente está representado un demonio que, llevándose el dedo índice a los labios, sugiere al pecador: «Sssshhhh!!!, ¡¡¡calla!!!, ¡¡¡no cuentes tus pecados!!!».

Satanás teme la sinceridad, porque es, con mucho, uno de sus peores enemigos.

Volviendo al muchacho, lo que viene después no es sino consecuencia de una vida lejos de la gracia: *cuando lo agarra, lo tira al suelo, echa espumarajos, rechina los dientes y se queda tieso* (Mc 9, 18).

Son muchas las veces que nosotros hemos visto o padecido estas cosas. Cuando nos dejamos llevar por la ira, la envidia, la sensualidad o cualquier otra forma de pecado, descendemos al suelo, nos quedamos ahí como tirados. Nuestros propósitos de volar alto se desvanecen, y, después de lo peor y del sufrimiento por la culpa, viene la inoperancia fruto de la conciencia de nuestra mala acción. Nos parece imposible levantarnos. Imposible recomenzar. Nos vemos incapaces de hacer nada. Así, el pecado, que se presentaba como una oferta de libertad, resulta ser, al final, una servidumbre onerosa, un peso insoportable.

A pequeña o gran escala, todos hemos padecido estas consecuencias. Si las consideramos en el silencio de nuestra oración no es para echarnos a llorar, sino para hacer un sincero acto de repudio al pecado y llenarnos de deseos de vivir cada día en gracia de Dios. Pídeselo a Jesús. No es hipocresía. Él sabe que te falta fe, como al padre del chico. Y sin embargo le curó.

3. Detenemos, de nuevo, nuestra consideración en aquel padre. Primero pide al Señor el milagro, si bien con una fe bastante escasa: *Si algo puedes, ten lástima de nosotros y ayúdanos* (Mc 9, 22). Después, confirma su falta de convencimiento reconociendo su propia nada: *Creo, pero ¡ayuda mi incredulidad!* (Mc 9, 24).

Su conducta, lejos de parecernos extraña, nos resulta demasiado familiar. Ciertamente, tenemos fe, aunque sea poca (en caso contrario, no estarías leyendo este libro, haciendo oración). Sin embargo, en muchísimas ocasiones dudamos, por motivos muy diversos: los propios pecados, la situación familiar o personal, económica o social, la falta de esperanza en un futuro que pueda ser mejor... Miles de circunstancias que minan nuestra lucha y parecen relegar nuestras vidas a un nivel mediocre, de mera subsistencia.

Es curiosa la anotación que, a continuación, hace el evangelista. *Jesús, al ver que acudía gente, increpó al espíritu inmundo* (Mc 9, 25). Es como si san Marcos quisiera enseñarnos que Dios no está dispuesto a dejar en evidencia la promesa del perdón que Cristo tantas veces ha anunciado. Vino la gente... y se obró el milagro.

Hoy, como entonces, muchas personas están pendientes de la eficacia de la gracia de Dios. El Señor no está inactivo. Al contrario, parece más que dispuesto a regalar sus mejores dones a los que piden con fe, aunque sea una fe minúscula.

Acudamos con confianza al Todopoderoso, pongamos en sus manos nuestras necesidades, supliquémosle su ayuda. Él está cerca, y no dejará que los enemigos del Amor se salgan con la suya. Tú, por tu parte, pídele con humildad, grita desde lo más hondo: «¡Auméntanos la fe!».

SÉPTIMA SEMANA. MARTES

1. *Amigos de la cruz de Cristo.*

2. *Modos para crucificarnos con Él.*

3. *No es difícil rezar, lo difícil es rezar así.*

1. Ha llamado la atención de los expertos. Los alemanes lo han designado *los malentendidos* de Jesús. O mejor, más literalmente: la incapacidad de los oyentes de comprender a Cristo en algunas ocasiones. En nuestro evangelio de hoy se percibe con claridad: el Señor anuncia su pasión a los discípulos y encuentra como respuesta una colección de vanidades.

La incomprensión –el malentendido– no pudo ser mayor. Cristo dice que morirá y resucitará, y los apóstoles se pasan todo el camino a Cafarnaúm discutiendo sobre quién es el primero entre ellos. ¡Vaya plan!

Jesús ve con claridad lo que nosotros ni siquiera alcanzamos a sospechar. Por eso, consideró oportuno subrayar su palabra con un gesto. Abrazando a un niño, nos enseña el camino de infancia que debemos tomar si queremos lograr ese objetivo de caridad: ser el último es el modo de llegar a ser el primero (cfr. *Mc* 9, 30-37).

Este pasaje se entiende mejor empezando por el final. Quien acoge a un niño, quien *se hace* como un niño, comprenderá el valor del servicio y la obediencia y podrá entrar en el misterio de la cruz.

No hemos de avergonzarnos, por tanto, de la cruz del salvador. Más bien, hemos de gloriarnos de ella, pues, como dice san Cirilo citando la Escritura santa, «"el mensaje de la cruz es escándalo para los judíos, necedad para los gentiles, mas, para nosotros salvación". Para los que están en vías de perdición es necedad, mas, para nosotros, que estamos en vías de salvación, es fuerza de Dios. Porque el que moría por nosotros no era un hombre cualquiera, sino el Hijo de Dios, Dios hecho hombre»[1].

«Por lo tanto», concluye más adelante, «que la cruz sea tu gozo no solo en tiempo de paz. También en tiempo de persecución has de tener la misma confianza; de lo contrario, serías amigo de Jesús en tiempo de paz y enemigo suyo en tiempo de guerra. (...) Jesús, que en nada había pecado, fue crucificado por ti: y tú, ¿no te crucificarás por él, que fue clavado en la cruz por amor a ti? No eres tú quien le haces un favor a Él, ya que tú has recibido primero. Lo que haces es devolverle el favor, saldando la deuda que tienes con Aquel que por ti fue crucificado en el Gólgota». Ya lo ves: es cuestión de Amor.

2. Es posible que lo hayas pensado en este rato: ¿cómo puedo yo crucificarme con Cristo? ¿Qué significa eso de un modo práctico, en mi vida?

---

[1] Para esta cita y las que siguen: San Cirilo de Jerusalén, *Catequesis*, 13,1.3.6.23.

Probablemente existan tantas respuestas como maestros espirituales, o aún más, como cristianos haya, porque el camino de cruz es la senda personal que cada uno ha de recorrer. Tan solo te sugeriré un aspecto práctico y concreto de ese misterio.

Abrazamos la cruz de Cristo cuando nos decidimos a buscar una vida espiritual de entera generosidad, sin racanería. En cambio, si vivimos «a medias» nuestra relación con Dios, fácilmente nos pegaremos a nuestra autosatisfacción y a la sensualidad. En este sentido específico, la «carne» es enemiga del espíritu y hace pesadas las cosas de Dios. Recuérdalo.

Si seguimos por ese camino no resultará extraño que las prácticas de piedad lleguen a ser odiosas. Es horrible rezar. No me dice nada. El rosario, una pesadez. Siempre lo mismo. La Misa, larga. El cura está ahí y yo no sé qué hacer. ¿Qué? Háztelo ver. Déjate exigir. Tendrás que reconocer que no hay espacio en tu vida para la cruz de Cristo. Ausente. Existe, por el contrario, el flagelo continuo de la búsqueda de tu propio bienestar: me apetece esto, se me antoja lo otro; qué pesadez hacer esto, menudo rollo lo otro. Todo se te hace pesado. Lo trascendente, imposible; y Dios, inalcanzable.

No te olvides de que son los limpios de corazón los que verán a Dios. Purifica tu alma, que quizás albergue algo de roña. Quítale toda la ganga, cualquier rastro de impureza. ¿Cómo?, ya lo sabes: mediante un decidido plan de vida –¡sí, puedes recomenzar!– y una mortificación que te haga fuerte, para no dejarte vencer por la sensualidad.

3. No es difícil rezar: lo que es imposible es rezar «así». Hoy en el coche, mañana en el metro, pasado haciendo la compra y al otro en una adoración al Santísimo. Hoy veinte minutos, mañana cinco, pasado no he tenido tiempo y al otro, dos horas. Absolutamente inútil.

¿Problema de tiempo? Quizá. ¿Cuestión de priorida-des? Seguro.

La Misa así vivida, con el bolsillo vibrando por la acción inmisericorde del móvil que no te atreves a si-lenciar... ¿crees verdaderamente que es posible tomar parte así... ¡del sacrificio incruento de Cristo en la cruz!? Es una Misa de esas de cuerpo presente, pero... ¿dónde está tu alma? Memoria, inteligencia y voluntad son sus potencias: ¿dónde están?, ¿cómo están? La memoria llena de agravios, la inteligencia de cosas por hacer, y la voluntad de lo que te vas a comprar a la salida o del plan del fin de semana. ¿Es esa la «participación activa» en la celebración eucarística, de la que tanto hablan los documentos del magisterio de la Iglesia? Hombre...

Piensa que esa distracción continua en las cosas de Dios pone de manifiesto dónde está tu corazón. Como Cristo no es el protagonista de tu vida espiritual –no es tu Amigo, no es tu Amor–, tu vida espiritual se ha ido convirtiendo en el tedioso cumplimiento de obligacio-nes adquiridas. Pues sí...

Lo anunciaron los profetas. Lo dijo Jesús. Lo han vivido santos y cristianos de todos los tiempos. Ahora queremos vivirlo tú y yo. Su verdad –la verdad que es Él mismo– hace libres. Si me siento un poco esclavo... ¿no será que algo no va bien? Rectifica, que Él te espera.

SÉPTIMA SEMANA. MIÉRCOLES

1. El aprecio por todos los que trabajan para Dios.
2. Todos somos de Cristo: instrumentos.
3. Las facciones nacen por envidia y se alimentan por la maledicencia.

1. Era la tarde del 11 de Noviembre de 1875 cuando en la iglesia de María Auxiliadora de Valdocco (Turín) se celebraba un magno acontecimiento. La celebración era merecida: partían los primeros misioneros salesianos. En concreto, seis sacerdotes y cuatro coadjutores dejaban su tierra para dirigirse a la lejanísima Argentina. Cada uno de ellos recibió de mano de Don Bosco un folleto que reflejaba las principales preocupaciones del santo. En sus inflamadas palabras, el sacerdote piamontés recomendaba a sus hijos salesianos hambre de almas. *Da mihi animas et tolle ceteris!*, había rezado y hecho rezar multitud de veces: «¡dame almas y quítame todo lo demás!».

Al servicio de tan apostólico propósito, el santo enumera una serie de consejos útiles para consumar toda la existencia en el deseo de comunicar a Cristo. El décimo tiene que ver con nuestro evangelio de hoy. «Amad, temed, respetad a las demás órdenes religiosas y hablad siempre bien de ellas», afirma el santo fundador. «Este es el medio para ganaros la estima de todos y promover el bien de la Congregación».

En nuestro fragmento evangélico de hoy apreciamos cómo los apóstoles han intentado impedir a un hombre echar demonios *porque no es de los nuestros*. Jesús les reprocha tal actitud, porque *quien hace un milagro en mi nombre no puede luego hablar mal de mí* (*Mc* 9, 39).

Es necesario, quizá incluso una obligación, que amemos y veneremos a todo el que obra en nombre del Señor. Hagamos el propósito firme de huir de toda sombra de celos de cualquier otro que trabaje por amor a Cristo. No es tan raro. ¿Cuántas veces te has visto sorprendido por sentimientos de envidia o vanidad al contemplar otras familias que, aparentemente, funcionan mejor que la tuya? ¿Nunca has padecido cierto sentimiento de competitividad –que empequeñece tanto– con otros movimientos, parroquias o centros de formación, porque ellos llevan tantos más a catequesis o a una peregrinación?

Puede parecer una bobada experimentar tales insinuaciones del enemigo... pero lo cierto es que a todos nos puede suceder. Aprendamos de los apóstoles a actuar movidos por el amor de Dios, y no por el orgullo.

2. La existencia de rivalidades entre los seguidores de Jesucristo no es cosa nueva. En absoluto: es vieja como el evangelio.

Apolo es judío, a pesar de que su nombre es cien por cien griego. Su conversión al cristianismo se obró en Éfeso, donde conoció *el camino de Dios* (cfr. *Hch* 18, 24). Entonces comenzó a servir al evangelio con tal brillantez que *refutaba vigorosamente en público a los judíos, demostrando por las Escrituras que Jesús es el Cristo* (*Hch* 18, 28).

Más tarde se desplazó a Corinto donde habitaba una de las comunidades más vivas del cristianismo... y de las más controvertidas. Situada en un enclave decisivo para el mundo antiguo, quicio de unión de la península de Acaya a Grecia, Corinto era una ciudad de tanta prosperidad económica como de corrupción moral. Allí, en medio del pecado, la Iglesia prosperaba en el anuncio de la salvación y el perdón, de la caridad.

La llegada de Apolo debió significar un nuevo aliento para los cristianos de Corinto. Fascinó su modo de hablar hasta tal punto que comenzaron a producirse grupúsculos partidarios de uno u otro apóstol, según los gustos personales de cada uno. San Pablo da fe de ello en su primera carta a los Corintios, cuando denuncia que con esa división sectaria están desgarrando el cuerpo de Cristo. Escribe con fuerza: *Os exhorto, hermanos, por el nombre de nuestro Señor Jesucristo, a que todos tengáis un mismo lenguaje y a que no haya divisiones entre vosotros, a que viváis unidos en un mismo sentir. Porque, por los de Cloe, me han llegado noticias sobre vosotros, hermanos míos, de que hay discordias entre vosotros. Me refiero a que cada uno de vosotros va diciendo: «Yo soy de Pablo», «Yo, de Apolo», «Yo, de Cefas», «Yo, de Cristo»* (*1 Co* 1, 10-12).

La solución que aportará el apóstol de las gentes es sencilla (aunque no tan fácil de cumplir). Todos –Apolo, Pablo, Cefas y cada uno de los apóstoles de todos los tiempos– son servidores de Cristo, ministros de su gracia. Todos, sacerdotes y laicos, somos instrumentos de

Dios y nuestro testimonio es válido en la medida en que acerca a las almas al Autor de la salvación: Jesucristo.

A modo de examen, cuando haces apostolado y hablas a otros de tu fe, o les invitas a confesarse, ¿te buscas a ti mismo? A veces eso tiene una clara manifestación: ¿quieres que otros hagan lo que tú les dices... o te importa más que nada que se acerquen a Cristo, que le encuentren a Él?

3. Cuentan que en una antigua casa de un herrero de Zurich está impresa esta leyenda, que aún hoy puede ser vista: «Si hubiese que poner un candado a toda boca mala, entonces la noble herrería sería el primer gremio de la tierra».

Las facciones nacen de la envidia, y en la vida cotidiana se alimentan por la lengua. La murmuración es el vehículo apropiado para generar división en cualquier grupo humano, también en el de los seguidores de Cristo.

Es imposible detener la maledicencia de otros. Ya se lo dijo don Quijote a Sancho, cuando este último lamentaba las críticas que recibía: «No te enojes, Sancho, ni recibas pesadumbre de lo que oyeres, que será nunca acabar: ven tú con segura conciencia, y digan lo que dijeren, que es querer atar las lenguas a los maledicentes lo mismo que querer poner puertas al campo»[1].

No conviene, por tanto, preocuparse de lo que otros digan. Más bien, hay que ocuparse en frenar la propia inquina y sofocar de raíz la murmuración en nuestra

---

[1] M. Cervantes, *El Quijote,* II, c. LV.

alma. Este propósito pasa por unos medios bien concretos, sugerencias para nuestro último rato de oración.

En primer lugar, podemos preguntarnos si estamos en disposición de aplaudir lo que otros hacen bien. ¡Cuántas veces procuramos deslegitimarlo para quedar en mejor posición o que se subraye lo bien que hacemos nosotros las cosas!

En esa misma línea, hemos de examinar si somos capaces de ocultar, con el manto de la caridad, lo que el prójimo hace mal. En definitiva, ¿respeto la fama de los demás? ¿O bien, con la excusa de que «es verdad», me dedico a dinamitarla? Recuerda que no es disculpa. La difamación no es mejor que la calumnia.

En segundo lugar, es bueno pensar si he sido capaz de devolver la buena fama a quien dejé en mal lugar, ya por un comentario malicioso, ya por una apreciación inadecuada. A veces no es sencillo, otras veces sí. Sin embargo, siempre es posible redoblar la oración por el agraviado, y aplicarnos ciertas mortificaciones que reparen la ofensa cometida.

Finalmente, es muy útil entrenarse en la prudencia para lograr el objetivo de no murmurar nunca y ser generadores de unidad. ¿Quieres no hablar nunca mal? No pienses mal. ¿Quieres no pensar mal? No juzgues nunca. Cuanto más lejos pones la lucha, más fácil es la victoria.

SÉPTIMA SEMANA. JUEVES

1. *Caminar con Cristo es dejarle hacer.*
2. *Ir al encuentro del otro.*
3. *No tener miedo a ir con Jesús a las periferias.*

1. *Si la sal se vuelve sosa, ¿para qué sirve?* (cfr. *Mt* 5, 13-16). Jesús dice que quien recibe a un discípulo suyo, en el fondo, es a Él mismo a quien recibe. ¿Habrá mejor paga? Jesús no nos manda ser personas con salero, sino ser la sal misma: nos concede el don de parecernos a Él y la capacidad de dar sabor a todas las circunstancias y situaciones.

El Papa Francisco considera que hay tres condiciones para mantenernos firmes en ese caminar con Cristo que hará posible que nunca perdamos el vigor primero. Esos tres puntos serán nuestras consideraciones en el día de hoy.

«Ante todo, caminar desde Cristo significa *tener familiaridad con él*»[1]. El Papa anota cómo Jesús insiste sobre este particular a los discípulos en la Última Cena.

---

[1] Para esto y todo lo que sigue, PAPA FRANCISCO, *Discurso a los participantes en el congreso internacional sobre la catequesis* (27-09-2013).

Allí anima a sus seguidores a vivir conforme al amor más alto; el sacrificio de la cruz. Hay que estar tan unidos a Jesús como lo está el sarmiento a la vid. Es una unión física; separarse es morir.

Por eso, para nosotros lo primero ha de ser escuchar y aprender de Jesús. «Se trata de estar en la presencia del Señor, de dejarse mirar por Él», añade el Pontífice. Y nos pregunta: «¿Cómo están ustedes en la presencia del Señor? cuando vas a la iglesia, miras el sagrario, ¿qué hacéis? Sin palabras... Pero yo hablo y hablo, pienso, medito, siento... ¡Muy bien! Pero, ¿te dejas mirar por el Señor? Dejarse mirar por el Señor. Él nos mira y esta es una manera de rezar. ¿Te dejas mirar por el Señor? ¿Cómo se hace? Miras el sagrario y te dejas mirar... Así de sencillo. Es un poco aburrido, me duermo... ¡duérmete, duérmete! De todas formas, Él te mirará, igualmente te mirará. Puedes tener la certeza de que Él te mira. Y eso es mucho más importante».

Las palabras del papa resuenan fuerte en la conciencia: dejémonos amar por Jesús, ¡dejémosle hacer! Recuerdan un poco a la consideración de santa Teresita de Lisieux cuando, con su habitual sencillez, dudaba de la conveniencia de dormirse en la oración, aun cuando le pasara día sí y día también. Sin embargo, halló quietud cuando concluyó que también los médicos duermen a sus pacientes cuando quieren hacer algo importante.

Es verdad, *Dios da a sus amigos mientras duermen* (*Sal* 127, 2). Acojamos con alegría la oferta misericordiosa de Jesús que nos invita a ser amigos de Dios.

2. El segundo elemento para caminar con Cristo es imitarlo; «salir al encuentro del otro». «Esta es una experiencia hermosa y un poco paradójica. ¿Por qué? Porque quien pone a Cristo en el centro de su vida, se descentra. Cuanto más te unes a Jesús y Él se convierte en el centro de tu vida, tanto más te hace Él salir de ti mismo, te descentra y te abre a los demás. Este es el verdadero dinamismo del amor, este es el movimiento de Dios mismo. Dios es el centro, pero siempre es don de sí, relación, vida que se comunica... Así nos hacemos también nosotros si permanecemos unidos a Cristo; Él nos hace entrar en esta dinámica del amor. Donde hay verdadera vida en Cristo, hay apertura al otro, hay salida de sí mismo para ir al encuentro del otro en nombre de Cristo». Esta es la tarea del catequista y, en el fondo, de todo cristiano: «salir continuamente de sí por amor, para dar testimonio de Jesús y hablar de Jesús, predicar a Jesús. Esto es importante porque lo hace el Señor: es el mismo Señor quien nos apremia a salir».

El Papa señalaba a los catequistas que su corazón debe tener un movimiento de unión con Jesús y de salida al encuentro del otro. Sístole y diástole. En el fondo, todos estamos llamados a este singular movimiento de unión con Jesús y predicación del evangelio. «Si falta uno de los dos movimientos, ya no late, no puede vivir».

¿Late mi corazón conforme a tan singular y benévola vibración?

3. Finalmente, solo es posible caminar con Cristo si no se tiene miedo a ir al encuentro del que está lejos. El Papa lo llama «periferias». Fantástico: no espantarse de ir a las periferias. ¿Te animas?

«Nos enseña a no tener miedo de salir de nuestros esquemas para seguir a Dios, porque Dios va siempre más allá. ¿Saben una cosa? ¡Dios no tiene miedo! ¿Lo sabían? ¡No tiene miedo! ¡Va siempre más allá de nuestros esquemas! Dios no tiene miedo de las periferias. Y si ustedes van a las periferias, allí lo encontrarán. Dios es siempre fiel, es creativo».

Es verdad, «Dios es creativo, no está encerrado, y por eso nunca es rígido. Dios no es rígido. Nos acoge, sale a nuestro encuentro, nos comprende. Para ser fieles, para ser creativos, hay que saber cambiar. Saber cambiar. ¿Y para qué tengo que cambiar? Para adecuarme a las circunstancias en las que tengo que anunciar el evangelio. Para permanecer con Dios, hay que saber salir, no tener miedo de salir».

Si nos dejamos ganar por el ambiente, seremos cobardes, o al menos eso parece sugerir el santo Padre. Pareceremos «una estatua de museo: ¡y tenemos tantos! ¡Tenemos tantos! Por favor, nada de estatuas de museo (...). Les pregunto: ¿Alguno de ustedes quiere ser un cobarde, una estatua de museo o estéril? ¿Alguno quiere ser así? [¡¡¡No!!!]. ¿No? ¿Seguro? ¡Está bien! Lo que les voy a decir ahora, lo he dicho muchas veces, pero me sale del corazón. Cuando los cristianos nos cerramos en nuestro grupo, en nuestro movimiento, en nuestra parroquia, en nuestro ambiente, nos quedamos cerrados y nos sucede lo que a todo lo que está cerrado; cuando una habitación está cerrada, empieza a oler a humedad. Y si una persona está encerrada en esa habitación, se pone enferma. Cuando un cristiano se cierra en su grupo, en su parroquia, en su movimiento, está encerrado y se pone enfermo».

¿Corre el aire en mi parroquia, centro o movimiento?; ¿viene gente nueva?; ¿se encuentran a gusto? Recuerda la advertencia del Papa: los espacios cerrados acaban por oler a humedad.

No tengas miedo a salir e invitar a otros a que caminen por las mismas sendas que a ti te hicieron tanto bien.

SÉPTIMA SEMANA. VIERNES

1. ¿Cómo nos acercamos tú y yo al Señor?
2. Estando todo oscuro, mejor estarse quieto.
3. Almas heridas incapaces de comprender el amor.

1. Es demasiado grande la diferencia entre el espíritu que mueve a algunos a escuchar a Jesús y el ánimo insidioso de los fariseos. No pasa desapercibida ni siquiera al lector más frívolo. El pasaje de hoy lo sugiere solamente: Jesús enseña de buen grado a quienes se acercan con ánimo de aprender, mientras reprende y discute con esos otros que se aproximan con deseos de perderle.

Y es que la casta farisaica había convertido la fe en cosa de pocos, instrumento para generar élites y manipular a muchos. Ellos aprecian en Cristo un rival de su tramoya espiritual. Es más, llegan a considerarle un enemigo de la fe, elevando su malestar al terreno de la blasfemia a Dios y del insulto a lo sagrado. Jesús obra milagros por el poder de Satanás, está poseído; debe morir, porque fulmina las tradiciones de nuestros mayores. Las más de las veces no les interesa en absoluto lo que el Maestro de Nazaret piensa. No quieren ahondar en el espíritu de la Ley. No les importa su verdad. No.

Lo único que buscan es una palabra que, pronunciada en público, pueda justificar a los ojos del pueblo su condena.

Cristo lo sabe demasiado bien y burla sus torcidas intenciones. No claudica en su deseo de enseñar, sino que aprovecha la perfidia de sus perseguidores para exponer la sabiduría.

En el evangelio que consideramos, por ejemplo, consigue evitar sus acusaciones y exponer de modo inteligible la doctrina del matrimonio. Antes de detenernos en ello, consideremos en silencio de qué modo nos acercamos tú y yo al Señor. Cuando le preguntamos cosas, cuando procuramos conocer su Voluntad, ¿lo hacemos movidos por el limpio deseo de dialogar con Dios, como la gente del evangelio?; o bien, ¿somos un pelín fariseos y vamos con el extraño trasfondo de una doble intención? No querremos matar a nadie, seguramente, pero tal vez sí pretendemos quedar bien, o alguna satisfacción sensible, o tan solo cumplir de mala gana para calmar nuestra conciencia. ¿Cómo nos acercamos a Jesús?

2. Ramón fue llamado a filas durante la guerra civil española siendo aún muy joven. No había más remedio que tomar parte en el enfrentamiento fratricida. En lo alto de la loma, parapetado con sus compañeros tras unos sacos de arena, recibió una orden tajante. Era absolutamente necesario conservar ese puesto, costara lo que costase.

Cayó la noche. Heladora. Extraordinariamente fría. Apostado en la ametralladora, Ramón cumplía órdenes. No dejó de disparar durante horas. No faltaban municiones: cajas enteras flanqueaban la máquina de matar. "¡Ra-ta-ta-ta-ta! ¡Ra-ta-ta-ta-ta! ¡Ra-ta-ta-ta-ta!". Horas de un ruido ensordecedor. Tras ese infierno de fuego a discreción, el arma calló por completo. Ya no se oía nada. Ramón esperó unos minutos. Nada se escuchaba. Y él, derrengado por el esfuerzo y exhausto por la tensión, se tumbó en el suelo y durmió.

Amanecía cuando despertó al horror. Jamás lo olvidaría. Frente a él, una alfombra de hombres muertos por el fuego de su arma. De ambos ejércitos. Todos muertos. Todos. También los suyos, sus compañeros. Ni un alma sobrevivió a aquel espectáculo de destrucción. La suya. La única. Solo entonces se dio cuenta de lo que había hecho.

Hasta que murió a la edad de noventa y seis años, Ramón padeció súbitos ataques de pérdida de conciencia. Permanecía con la vista en blanco durante minutos que parecían horas. Por su imaginación y memoria pasaba toda esa historia de espanto acaecida una noche de invierno.

Esa noche es hoy. Quien actúa a ciegas somos tú y yo. La sociedad y la cultura pasan por una noche cerrada. Algunos la llaman crisis y no es económica, sino de las costumbres. En muchas ocasiones, se adopta la solución de Ramón, disparando sin cesar mientras el sol está oculto. ¿Exagero?: diversiones sin límite, ausencia de compromiso, infidelidades matrimoniales, vidas que avanzan bajo el único y exclusivo horizonte del consumo, educación permisiva, falta de lucha por la instrucción, intolerancia con el hecho religioso... ¿Te escandaliza esta reata? Es terrible, sí, tan terrible como real.

Un día cualquiera, cada persona que haya vivido desenfrenadamente, cada sociedad que haya habitado en la historia sin tino ni freno, despertará. Suele pasar...

Pasa siempre. Y la consecuencia no es muy distinta de la historia de Ramón. Muchos muertos por el pecado. Demasiados. Un panorama espeluznante. Piénsalo un momento: mientras es de noche, ¿no será más razonable estarse quieto?

3. ¿Qué es lo que hace incomprensible el matrimonio para tanta gente? La dureza de corazón. En el siglo XXI como en tiempos de Jesús. A tus amigas y amigos como a los fariseos.

El alma está herida y la voluntad es frágil. Una experiencia horrible vivida en la infancia y juventud puede ser motivo suficiente para desesperar en el deseo de formar una familia. Basta haber vivido en un hogar roto. Al mismo tiempo, un proyecto de vida inmoderado es enemigo de la estructura familiar, tan necesitada de sacrificio. Si uno solo busca disfrutar «en dos dimensiones» –viajar, comprar, moda, automóviles, comodidad, «experiencias», yo, yo, yo– ¿cómo va a querer abrirse al don maravilloso de los hijos? Además, esa ausencia de espíritu de sacrificio es tan abundante como irreal, puesto que aspirar a una vida sin sufrimiento es imposible. No existe; sencillamente no la hay. Y por eso, cuando llega, parece que la culpa deba ser del otro, o de la química.

Renovar el corazón y hacerlo de carne para que se pueda unir a otro corazón, igualmente humano, y formar una sola cosa. Dos almas. Dos cuerpos. Una cosa sola. ¡Eso es el matrimonio! Fecundo por su misma naturaleza, partícipe del mismo Espíritu de Dios que es dador de vida. Una aventura extraordinaria, que puede dar sentido a una vida entera.

Restablecer la dignidad del matrimonio es sinónimo de recordar la dignidad de la mujer y el hombre, y su infinita capacidad de amar. Cuando san Juan Pablo II introdujo en las letanías del rosario la jaculatoria «Reina de la familia» anunciaba el peligro que acosaba a esa institución. Hoy es ya una realidad: de la profecía al cumplimiento. De ahí nuestra plegaria. «Madre del amor hermoso, protege nuestras familias, protege a cada familia».

SÉPTIMA SEMANA. SÁBADO

1. Ser propiedad de Dios.
2. Hijos de Dios: cruz y evangelio.
3. Cruz hasta el final.

1. Ser de Dios: esa es la convicción que ha movido el ánimo de los santos. Sus corazones, impulsados por el convencimiento de su pertenencia a Dios y de la ayuda de su gracia, han sido capaces de amar siempre más, siempre mejor.

Somos de Dios porque Él es nuestro creador y nuestro redentor. Él presta atención a cada una de nuestras cosas, por pequeñas que sean. Él sabe más y cuida providencialmente nuestras existencias, aunque a veces no lo comprendamos, y otras veces lo olvidemos. ¡Ojalá comprendiéramos en toda su hondura el significado de llamarnos –y de ser– hijos de Dios! (cfr. *1 Jn* 3, 2).

Es necesario recordarnos, una y otra vez, la maravillosa realidad de la filiación divina. Considerarlo a menudo. Siempre. Cada día.

Jesús ilustra esta pertenencia al todopoderoso, en el evangelio de hoy, mediante un ejemplo bien concreto. Pone a unos niños cerca de sí, y afirma con rotundidad que solo siendo como niños entraremos en el reino de los cielos (cfr. *Mt* 18, 3-5). La característica esencial del infante, más aún, del bebé, es pertenecer a otro. No se entiende que un lactante esté solo en la calle: pensaríamos que ha sido abandonado.

Del mismo modo, tampoco se entiende que un hijo de Dios pueda sentirse solo, en el lugar que sea: en la familia, en el trabajo, en la oración o en los quehaceres más ordinarios. Consideraríamos que está perdido. Y lo estamos cuando nos olvidamos de Dios.

Podemos centrar el primer rato de oración en esta realidad maravillosa, para profundizar más en la vida sobrenatural. Nuestra divina pertenencia encuentra su origen en la infinita generosidad de Dios que, en la Persona del Verbo, se hizo hombre. El Hijo se hizo hombre para que los hombres llegáramos a ser, por gracia, hijos de Dios. ¡Hijos de Dios! ¡¡Qué regalo tan inmenso!! ¡¡¡Qué desmesurada benevolencia!!! Ya sé que no es cuestión de añadir signos de exclamación, pero ante una realidad tan consoladora, tan alegre, es lo único que los hombres podemos hacer. Admirarnos. Agradecerlo. Vivirlo.

Hagamos propósito de unirnos más a Jesús para ser, como dice san Pablo, hijos en el Hijo (cfr. *Ef* 1, 3-6). Por la oración y el sacrificio; a través de la consideración continua de la siempre presente paternidad de Dios, podemos vivir muy cerca de Cristo. Como el cuerpo a la cabeza, como el sarmiento a la vid, conscientes de que, o permanecemos en él, o nos secaremos. Sabemos –por aquella dura consideración de Jesús– que los sarmientos separados, secos, solo sirven para ser echados al fuego. En cambio, unidos a la vid, ¡cuánto fruto! (cfr. *Jn* 15, 1-8).

2. José María González Barredo conocía desde hacía tiempo a san Josemaría. Juntos fueron a visitar a Valdés, que se encontraba enfermo con una fuerte inflamación de anginas. Escrivá se puso a la cabecera de la cama, mientras González Barredo permanecía a los pies. Al ver que la conversación tomaba un tinte sobrenatural y muy personal, Barredo se escurrió sigilosamente en dirección a la puerta, con intención de abandonar la escena. Manuel Valdés, sin embargo, cuando se dio cuenta de ello, hizo un esfuerzo en hablar para decirle que no se fuera.

San Josemaría le hablaba de la Obra que había fundado y que busca la santidad en medio de lo ordinario. Ese empeño, además, es consecuencia de la inalienable dignidad de los hijos de Dios. Probablemente aquellas palabras encendieron el corazón del estudiante con una intensa vibración apostólica. Le hablaba de horizontes increíbles de apostolado, de lo mucho que aún quedaba por hacer y de la inmensa tarea de llevar a las almas a Dios. Y no era quehacer para unos pocos, sino obligación de todo cristiano.

Como Valdés no podía hablar, pidió papel y lápiz y escribió: «Pero, ¿y los medios?». El santo, tomando ese mismo papel, «sin pararse a pensarlo le contestó escribiendo también: Son los mismos de Pedro y de Pablo, de Domingo y Francisco, de Ignacio y Xavier, el crucifijo y el evangelio. ¿Acaso te parecen pequeños?»[1].

Cruz y evangelio. Estos son los medios para progresar en filiación divina y comunicar esa locura de amor

---

[1] *Camino*. Edición Crítica. Comentario al punto 470.

a los demás. Palabra de Dios y sacrificio. Caridad en el hablar y el obrar. Amar.

3. «Clavados en la cruz, era admirable ver la constancia de todos, a la que les exhortaban el padre Pasio y el padre Rodríguez». Es la narración del martirio de san Pablo Miki y sus compañeros, mártires del Japón en el siglo XVI. «El Padre Comisario estaba casi rígido, los ojos fijos en el cielo. El hermano Martín daba gracias a la bondad divina entonando algunos salmos y añadiendo el verso: *A tus manos, Señor*. También el hermano Francisco Blanco daba gracias a Dios con voz clara. El hermano Gonzalo recitaba en alta voz el Padrenuestro y el Avemaría».

La cruz se presenta de continuo en nuestras vidas. Solo en unas pocas ocasiones lo hace de un modo cruento y definitivo, muy superior al esfuerzo que ordinariamente nos exigimos para ser, de verdad, hijos de Dios. Pero, por eso mismo, el ejemplo de los mártires, unido a su valentía, es ayuda, consuelo e impulso para cada uno de nosotros.

«Pablo Miki, nuestro hermano, al verse en el púlpito más honorable de los que hasta entonces había ocupado, declaró en primer lugar a los circunstantes que era japonés y jesuita, y que moría por anunciar el evangelio, dando gracias a Dios por haberle hecho beneficio tan inestimable. Después añadió estas palabras:

"Al llegar este momento no creerá ninguno de vosotros que me voy a apartar de la verdad. Pues bien, os aseguro que no hay más camino de salvación que el de los cristianos. Y como quiera que el cristianismo me enseña a perdonar a mis enemigos y a cuantos me han ofendido, perdono sinceramente al rey y a los causantes de mi muerte, y les pido que reciban el bautismo".

Y, volviendo la mirada a los compañeros, comenzó a animarles para el trance supremo. Los rostros de todos tenían un aspecto alegre, pero el de Luis era singular. Un cristiano le gritó que estaría en seguida en el paraíso. Luís hizo un gesto con sus dedos y con todo su cuerpo, atrayendo las miradas de todos.

Antonio, que estaba al lado de Luis, fijos los ojos en el cielo, y después de invocar los nombres de Jesús y María, entonó el salmo: *Alabad, siervos del Señor*, que había aprendido en la catequesis de Nagasaki, pues en ella se les hace aprender a los niños ciertos salmos.

Otros repetían: "¡Jesús! ¡María!", con rostro sereno. Algunos exhortaban a los circunstantes a llevar una vida digna de cristianos. Con estas y semejantes acciones mostraban su prontitud para morir.

Entonces los verdugos desenvainaron cuatro lanzas como las que se usan en Japón. Al verlas, los fieles exclamaron: "¡Jesús! ¡María!", y se echaron a llorar con gemidos que llegaban al cielo. Los verdugos remataron en pocos instantes a cada uno de los mártires»[2].

Lee su testimonio una y otra vez. Considéralo delante de Dios y te darás cuenta de que «cuando te "entregues" a Dios, no habrá dificultad que pueda remover tu optimismo»[3], porque eres –recuérdalo– hijo de Dios.

---

[2] Lectura del Oficio de san Pablo Miki, 6 de febrero.

[3] *Camino*, 476.

OCTAVO DOMINGO. CICLO A

1. Quien sirve a Dios recibe, al menos, tres regalos.
2. La diferencia entre lo que me separa de Dios y lo que creo que me separa de Dios.
3. La liberación de una carcajada a tiempo.

1. *No se puede servir a Dios y al dinero* (*Mt* 6, 24). En efecto, *no se puede servir a dos amos*. Y Jesús, decidido a mostrarnos que es mucho mejor dedicarse al servicio de Dios que entregarse al enemigo, nos enseña la bondad de tener por amo al creador.

El evangelio de hoy ilustra con ejemplos concretos la diferencia entre pensar en uno mismo buscando la propia comodidad o tener la cabeza puesta en Dios. Mientras que el primero *anda agobiado* gastando la vida en pensar qué comer o qué vestir, el segundo se abandona en manos de Dios y vive en la paz de su providencia. *Mirad los pájaros: ni siembran, ni siegan, ni almacenan, y sin embargo, vuestro padre celestial los alimenta* (*Mt* 6, 26).

No es el único patrón de conducta que nos pone el Señor. Habla también de los lirios del campo y de su belleza. No vale la pena preocuparse.

¿Cuál es la conclusión? *Ya sabe vuestro Padre celestial que tenéis necesidad de todo eso* (*Mt* 6, 32). ¿Y algo más? Sí; que no nos agobiemos por el mañana porque cada día trae su propio afán (cfr. *Mt* 6, 34).

Nosotros también queremos decidirnos por Dios; que Él sea nuestro amo, que Él sea nuestro Señor. Seguirle conforta el alma y nos da, al menos según san Alfonso María de Ligorio, tres gracias.

La primera es la «misericordia», que otorga el perdón de los pecados. «Amado Salvador mío, ¡cuánto es lo que os debo! Vos hicisteis por mí lo que no hubiera hecho un criado por su señor ni un hijo por su padre. ¡Ah! Ya no puedo vivir sin amaros, pues vos me pusisteis con vuestro amor en la necesidad de corresponderos»[1].

La segunda es el «amor», porque quien medita la pasión del Señor y su dedicación por el hombre, fácilmente se eleva en el deseo de amarle del todo a Él.

Y la tercera es la «paz». «Quien desee la paz del corazón, venga a mí, que soy el Dios de la paz. La paz que da el Señor a las almas que le aman no es la paz prometida por el mundo en los placeres de los sentidos o en los bienes temporales, que no satisfacen el corazón humano; la paz que da Dios a sus siervos es la paz verdadera, plenitud de paz que contenta y supera cuantos goces pueden dar las criaturas».

«Dios mío, Dios mío, solo a vos quiero y nada más que a vos. –¡Oh María, vos que sois la primera amante de este Dios, comunicadme vuestro amor!».

---

[1] S. Alfonso María de Ligorio, *Meditación VIII para el Adviento de la primera serie*. También para las citas que siguen en este primer punto.

2. Era el tiempo inmediatamente posterior a la guerra civil. Cientos de alumnos abarrotaban los seminarios de toda España. El país salía adelante después del terrible enfrentamiento y los seminaristas se formaban en una disciplina férrea. Rara vez podían salir del seminario, vestían pobremente, con escasa comida y demasiado frío. Así, en la pobreza, se forjaron muchos de los sacerdotes que han dado su vida por Dios y por la Iglesia.

Una de las normas que existía en uno de aquellos seminarios era pequeña pero tajante: estaba «absolutamente» prohibido leer periódicos. También el deportivo.

Sin embargo, él tenía unos diez años y pocas cosas le hacían más ilusión que saber cómo iba su equipo preferido. Entonces no había ni siquiera radios y para un muchacho de esa edad saber un resultado es poca cosa: gusta conocer qué ocasiones hubo, quién jugó, y quiénes fueron los que marcaron. No sé: la vida normal de un muchacho que tiene pasión por el fútbol.

No tengo certeza si se trataba de un familiar o más bien de un amigo, pero lo cierto es que le pasaban las páginas preferidas de su diario deportivo como envoltorio de la comida que le hacían llegar. Él las leía ávidamente a escondidas, y luego las destruía sin dejar rastro.

Una vez que se acostumbró a esta placentera praxis, comenzó a pensar si no tendría más amor a su equipo que a Dios. *No podéis servir a Dios y al dinero.* Lo rezó, y después de tiempo de reflexión, llegó a la conclusión de que él no podía ser sacerdote. Le perdía su querencia a cosas tan banales. Y resolvió dejar el seminario.

Para comunicar su elección, procuró acercarse al sacerdote que más confianza le inspiraba. Tocó a la puerta de su despacho, entró, y expuso detenidamente sus zozobras y su final conclusión. El formador le miró de arriba abajo, y con ternura paternal estalló en una carcajada que aún se escucha, al menos en la conciencia del entonces seminarista, hoy obispo. Todo se resolvió del modo más sencillo posible: el seminarista podría ir a leer el diario deportivo al despacho del formador cuantas veces quisiera.

Queremos servir a Dios. Esa es enseñanza del evangelio de hoy. Tenemos que estar atentos para no desviar nuestro corazón en otros menesteres, pero también debemos prestar atención a no confundirnos con pequeñeces.

Tener pasión por las cosas no nos aparta de Dios, sino que puede llegar a unirnos más a Él. Toca, por tanto, distinguir la intención con que hacemos todo, y pensar ahora en silencio si cuando buscamos brillar en los estudios, ponernos guapos y ser unos cracks en el deporte, lo hacemos para nuestra gloria o para la gloria de Dios.

3. La anécdota que hemos referido nos enseña también el valor inmenso de una carcajada a tiempo. Llegamos al confesor apurados por mil preocupaciones, y encontramos como respuesta la madura respuesta de una sonrisa leal. ¡Eso sí que descansa!, ¿acaso no lo has experimentado una y mil veces?

Para que la elección por Dios pueda ser sostenida en el tiempo, es necesaria una absoluta sinceridad. Mediante la comunicación de todo cuanto nos ocurre, por pequeño que sea, hallamos el descanso del alma. Gracias a los consejos recibidos en la dirección espiritual y en la confesión, si son sinceras, podremos encontrar la fuerza necesaria para renovar los deseos igualmente sinceros de seguir a Cristo.

¿Por qué cuesta tanto poner en evidencia lo que de verdad importa? Solo se me ocurre una respuesta: por soberbia. Sí. Nos da vergüenza pensar qué va a decir aquel o aquella que me ayuda. Y nos humilla aún más que ponga en evidencia que *eso* es una pequeñez insignificante.

El demonio se hace fuerte en la insinceridad, para cultivar en lo más profundo del alma preocupaciones inútiles y amargas –y ficticias– decepciones.

Si Dios es la meta, la sinceridad es un buen camino. Recuerda el carácter liberador que tiene una carcajada a tiempo; y eso por no hablar del gusto de conocer la propia alma tal como es, sin tapujos ni componendas.

OCTAVO DOMINGO. CICLO B

1. ¿También tú, Bruto, hijo mío?
2. Una extraña sociedad.
3. Recalculando ruta.

1. Las polémicas y encontronazos de Jesús con fariseos, maestros de la ley y jefes judíos son bien conocidas y salpican toda la vida pública de Jesús narrada por los evangelistas. ¡Vaya!, que en absoluto sorprende que, a propósito de la diferente práctica en lo relativo al ayuno que hacen los discípulos del Señor, se avecine una nueva tormenta. Lo que quizá sí puede causar sorpresa es que, en esta ocasión, también aparecen los discípulos de Juan entre los desconcertados y disgustados con la manera de comportarse de los seguidores de Jesús. Y sorprende porque de entre ellos han salido ya varios de los discípulos de Cristo e incluso algunos de ellos forman parte del grupo de los doce, como Andrés y Juan. No en vano el Bautista había declarado acerca de Jesús: *Este es el Cordero de Dios, que quita el pecado del mundo. Este es aquel de quien yo dije: «Tras de mí viene un hombre que está por delante de mí, porque existía antes que yo». Yo no* *lo conocía, pero he salido a bautizar con agua, para que sea manifestado a Israel* (*Jn* 1, 29-31).

Quizá por eso, porque entre los que vienen en tono de reproche están algunos discípulos de Juan y en atención a su maestro, las palabras de Jesús son más amables que las que suele gastar con fariseos y escribas. Porque con fariseos y escribas se indigna por los muchos que son desviados del auténtico camino de Dios a causa de sus prácticas huecas y vacías. Pero en los discípulos de Juan reconoce más debilidad que malicia. Y por eso, con paciencia, les replica haciendo que reflexionen para que puedan reconocer la verdad que se haya velada detrás del modo de actuar de los suyos. No quita que, muy posiblemente, en su voz hubiera un tono de tristeza por recibir de quienes en mejor disposición estaban para reconocerle aquella bofetada en forma de pregunta. A Jesús le duele más por quienes son que por lo que le dicen, como a César la puñalada de Bruto.

Imagínate a Jesús mirándote con cariño y con voz apenada diciéndote: *¿tú también, Bruto* –¡y mira que lo somos a veces!–, *hijo mío?* A Jesús le duele más cuando no le comprendes, cuando le olvidas o traicionas porque eres tú, porque te quiere y espera siempre más de ti. ¡Ojala estas consideraciones enciendan en ti aquel dolor por los pecados –también por los menos graves– que lleva a amar más a Jesús y a abandonarse en sus manos!

2. En una genial y divertida comedia, titulada *La extraña pareja,* Jack Lemmon y Walter Matthau dan vida a dos amigos que por azares de la vida deben compartir casa. La obsesión por la limpieza y el orden de Félix, interpretado por Lemmon, choca de frente con la capacidad de Óscar, al que encarna Matthau, para desordenar y llevar todo a una situación caótica. No pueden ser más diferentes y por eso la convivencia se torna imposible, y las situaciones disparatadas se suceden. Pues en el evangelio, discípulos de Juan y los fariseos son una suerte de extraña pareja, porque no pueden ser más diferentes.

Los fariseos representan el judaísmo que vive exclusivamente en torno a la Ley. De hecho, es la corriente que, tras la destrucción de Jerusalén en el año 70 dC, se impondrá sobre todas las demás existentes en tiempos de Jesús, para dar forma al Judaísmo que hoy conocemos. Para ellos todo gira alrededor de la Ley y su aplicación. La esperanza en un salvador la han transformado por la vía de los hechos en pura retórica: para ellos no hay más salvación que la Ley.

En cambio, los discípulos de Juan son congregados precisamente en torno a una predicación –la del Bautista– que es radicalmente lo contrario: una llamada a prepararse porque llega, de manera inminente, el salvador. Si los fariseos son puro espíritu cerrado en sí, los discípulos de Juan son, al menos en teoría, pura apertura a la novedad de Dios. ¿Qué ha ocurrido entonces para que lleguen al mismo punto que los fariseos? ¿Cómo han terminado formando esa extraña sociedad para dirigirse a Jesús con reproche?

3. Esta confusión por no saber cómo uno ha podido llegar a determinado punto es, en realidad, una experiencia muy común en quien echa la mirada hacia atrás para reconocer el camino que ha seguido. Y tiene su raíz en que olvidamos frecuentemente que la orientación de nuestra existencia no se debate solo en el ámbito de las convicciones y de los grandes ideales, sino que, al final, es el sentido de cada pequeño paso diario el que determina cuál será el destino al que llegaremos. Si esos pasos cotidianos no están conectados con los grandes ideales y horizontes, entonces corremos el riesgo de que nuestro caminar sea errático y acabemos donde al inicio, llenos de nobles ideas y aspiraciones, jamás hubiéramos pensado que pudiésemos acabar.

Así sucede con los discípulos de Juan. El cartel de ser los que están abiertos a la novedad de la salvación divina que llega inminente no les sirve de nada. Esa apertura se mide cada vez, cada día, con la realidad salvadora de Dios que constituye un desafío a su toda su persona. Hoy es el ayuno, ayer sería otra cosa, y mañana algo diferente. Su apertura para acoger al Mesías no se decide de una vez y se les cuelga como una etiqueta, sino que se dirime en cada paso que dan en su vida, en cada respuesta de su libertad a la provocación de la novedad de Dios.

Y esto es algo propio de la vida cristiana. Tu seguimiento de Jesús, tu amistad con él, se renueva cada día y cada día reclama de ti una respuesta. No vale la del día anterior, ni sirve agarrarse a una bandera o una frase hecha. No serás discípulo de Jesús por llevar una pulsera que así lo declare o por colgarte al cuello una cruz o un escapulario. Lo serás si cada día buscas responder a su llamada, rectificando una y otra vez tus intenciones. Tu camino con el Maestro requiere, cada día, recalcular la ruta, como un GPS. Recalcular para reconocer dificultades y amenazas, pero sobre todo para encontrarle allí donde Él está y resituarlo todo en función de Cristo. Este recalcular es en realidad la conversión. Pídele a Jesús el don de volverte cada día hacia Él y restablecer desde Él la ruta de tu caminar.

OCTAVO DOMINGO. CICLO C

1. Una buena conversación.
2. Aprender a corregir.
3. Te quiero santo.

1. Para poder comprender el evangelio, no es mala idea acompañar a Jesús metido entre sus discípulos como uno más. Entonces resulta hasta fácil percibir su cariño y sus atenciones. Jesús se desvive por los suyos, sin cosas raras o extravagantes, les exhorta, les aconseja, como un Maestro que no se conforma con dar una doctrina sino como quien quiere de verdad el bien integral de los suyos.

Como el padre que se sienta a dialogar con su hijo para iluminarle el camino, hoy Jesús nos dice, en la parte final del evangelio: *No hay árbol bueno que dé fruto malo, ni árbol malo que dé fruto bueno, por ello cada árbol se conoce por su fruto (...). De lo que rebosa el corazón habla la boca (Lc 6, 43-45).* Hay que tener presente que los frutos no son solo obra nuestra, de modo que solo los daremos en la medida que estemos pegados a Jesús.

Con esta afirmación el Señor está educando el corazón de sus discípulos. No quiere que se queden en lo externo o en un intimismo absurdo respecto a Dios, sino que su vida de fe, su relación con el Padre, pueda verificarse en las obras. *De lo que rebosa el corazón habla la boca* (*Lc* 6, 45). ¿Sobre qué versan nuestras conversaciones? Sin grandes ralladuras... pero a veces es un buen modo de hacer examen preguntarnos sobre qué decimos, porque eso es lo que habrá en nuestro corazón. Qué a propósito nos viene recordar aquellas palabras de san Pablo cuando afirma *malas palabras no salgan de vuestra boca; lo que digáis sea bueno, constructivo y oportuno, así hará bien a los que lo oyen* (*Ef* 4, 29).

Nos damos cuenta, con frecuencia, que nuestras conversaciones giran en torno a nosotros mismos: lo que hacemos, lo que pensamos, lo que opinamos; a veces incluso avasallando al otro. Otras veces, nuestras conversaciones pueden girar en torno a la crítica o la murmuración: «me han dicho, me he enterado, no sé qué sabes». Incluso, en otras ocasiones, o en determinados ambientes, las conversaciones pueden ser frívolas, superficiales y subidas de tono.

No se trata –creo que nos entendemos– de que tengamos que estar hablando continuamente de cosas religiosas o con los ojos vueltos, sino de aprender a mantener una conversación en la que se dé juego a todos, en la que cualquiera pueda salir contento de haber disfrutado de un buen encuentro, y fortalecido si estaba pasando un mal momento. Estar informado, leer, conocer las noticias, dedicar tiempo a pensar son elementos fundamentales que nos ayudarán en nuestras relaciones.

2. ¿Por qué te fija*s en la mota que tiene tu hermano en el ojo y no reparas en la viga que llevas en el tuyo? ¿Cómo* *puedes decirle a tu hermano: «Hermano, déjame que te saque la mota del ojo», sin fijarte en la viga que llevas en el tuyo?»* (*Lc* 6, 42). Estas palabras del evangelio han adquirido una gran popularidad excediendo incluso el marco cristiano; muchos hablan de la viga y de la mota en el ojo, ignorando quizás su sabor evangélico.

Esta frase de Jesús nos da una lección clara: al primero que tengo que someter a juicio es a mí mismo; al primero que tengo que vigilar para ver cómo se comporta soy yo mismo. Es cierto, no se puede negar, que tenemos ojos en la cara y Dios nos ha dado una inteligencia, mayor o menor, por la que muchas veces nos daremos cuenta de que a nuestro alrededor se hacen cosas mal, de que la gente no cumple con sus obligaciones; que se escaquea del servicio; que no está a la altura de las circunstancias; incluso que traiciona o viola principios fundamentales. Pero es igual de cierto que todos tenemos una facilidad mayor para detectar los defectos ajenos que los propios; una mayor facilidad para aconsejar a todo el mundo lo que debe hacer que para acometer los propios deberes de estado.

Esto ha de llevarnos siempre a una pregunta personal: y yo esto, ¿cómo lo hago? Muchas veces ver un error en el otro me ayuda a darme cuenta de que yo lo tengo igual o parecido y es ocasión de cambio personal.

Sin embargo, estas palabras de Jesús pueden llevarnos a un equívoco: quién soy yo para decir nada a nadie; solo los perfectos podrían acercarse a un hombre y señalarle –con el fin de ayudarle– aquellos aspectos en que puede mejorar. No es lo que dice Jesús; de hecho hay una obra de misericordia que dice: hay que corregir al que yerra, pero hay que saber cómo corregir y qué corregir. No se trata de que yo no tenga defectos, al contrario, como los tengo –incluso puedo estar haciendo lo mismo que está haciendo él– me doy cuenta y se lo adviertо, para que mejore.

Agradezcamos que la gente nos diga las cosas; es de tontos enfadarse porque nos ayuden a ser mejores, y tengamos la valentía de ayudar a los demás.

3. Querer verdaderamente a la gente es quererla santa. El individualismo reinante nos hace olvidar la co-responsabilidad que tenemos en la santidad de las demás. A todos nos pasa como a aquel chaval que vino un día a quejarse: «aquí todos van a su bola menos yo, que voy a la mía». Nos pasa más de lo que pensamos.

La presunción de inocencia es algo que no se reduce solo a la justicia civil sino que hemos de tenerlo presente siempre. Cuando veas que alguien se equivoca no pienses inmediatamente que lo ha hecho adrede o con deseo de ofenderte, quizás no se haya dado cuenta o nadie le ha manifestado nunca su error.

Si te das cuenta, la meditación de hoy en el fondo es un examen sobre la caridad, sobre cómo queremos a la gente y cómo la tratamos. Muchas veces no lo manifestaremos al exterior, pero en nuestro interior sentenciamos una condena y ostentamos un rechazo. Tanto incidir en lo negativo nos acaba por encerrar en el propio yo, donde no encontramos salida; conflictos en la familia o en el trabajo se solucionarían muchas veces con una pequeña dosis de paciencia, comprensión y misericordia; la gente no cambia al ritmo que nos gustaría, como nosotros tampoco lo hacemos.

Pidamos hoy a Jesús que nos enseñe a querer, que nos enseñe a soportar con paciencia los defectos del prójimo; y que nunca nos olvidemos de la delicadeza y cariño con que Él nos trata y perdona nuestros pecados.

OCTAVA SEMANA. LUNES

*1. Maestro bueno, ¿qué he de hacer para
heredar la vida eterna?*
2. Cualquier apego es esclavitud.
*3. Un modo muy concreto de seguirlo:
el celibato y la virginidad.*

1. Un muchacho se acercó lleno de entusiasmo para formularle a Jesucristo la cuestión más fundamental de toda la existencia. Trágica historia porque, al fin, volvió a casa triste. Es –lo sabes– el *joven rico*.

El chico tenía buen corazón, como luego demostrará al responder *que desde pequeño ha cumplido los mandamientos* (*Mc* 10, 20). No era capcioso ni malvado, acudía a Cristo con verdad: deseaba sinceramente conocer la Verdad, con mayúscula.

Además, no lo hace de cualquier manera, sino que el evangelio matiza que se arrodilló delante de Él. Es la actitud propia de los pequeños frente a los grandes, de los humildes de cara a los poderosos, de los hombres delante de Dios.

La interpretación habitual habla de la conmoción y cariño de Cristo al ver la rectitud y el corazón grande del muchacho, y su deseo de llevar una vida más entregada y generosa. Ante la buena disposición del joven, Jesús mirándolo lo amó (cfr. *Mc* 10, 21); ¡cómo sería esa mirada del Maestro!

Después de este primer intercambio, es como si Jesús se decidiera a pedirle *algo más* a quién se había cruzado en su camino: *vende lo que tienes, dáselo a los pobres, así tendrás un tesoro en el cielo, y luego ven y sígueme* (*Mc* 10, 21).

Lo que continúa en el evangelio es, como mínimo, decepcionante: *a estas palabras, él frunció el ceño y se marchó pesaroso, porque era muy rico* (*Mc* 10, 21). El pasaje acaba con unas palabras de Jesús sobre las riquezas y el apego a ellas, que fue sin duda la causa de que el joven rico no se entregara.

Dos aspectos de la llamada de Cristo captan nuestra escucha y van a ser el centro de nuestra oración. Por un lado, la radical postura de Cristo respecto a las cosas, puesto que no le dice que venda *una parte o muchas de sus cosas*, sino *vende cuanto tienes*, o sea todo. Por otro, la invitación final: *sígueme*.

Empezamos nuestro rato de oración, de rodillas, como el joven rico, delante del mismo Cristo, que vuelve a encontrarse, dos mil años después, contigo, quizá también un joven rico lleno de sinceridad. Pídele, para empezar, que tu alma además de recta sea generosa. Muy generosa.

2. Algunos hicieron una lectura literal del texto; por ejemplo, san Antonio Abad o san Francisco de Asís: venderlo absolutamente todo para ser absolutamente pobres, e imitar la pobreza de Cristo dando a la Iglesia una nueva belleza con su entrega.

Pero también se puede interpretar de un modo menos literal, más universal, referido a todos nosotros, porque la llamada a seguir a Cristo con radicalidad está dirigida a cada uno... pero no todos están llamados a vender, materialmente, todo lo que tienen.

¿Cómo entender entonces las palabras del Señor? Para Cristo –para el amor de verdad– cualquier apego es esclavitud, por pequeño que sea. Lo mismo une una inmensa maroma de barco que un pequeñísimo hilo de pescar, da igual. En efecto, Jesús nos dice «a todos» que lo vendamos «todo», o sea, que no seamos esclavos de nuestra propia eficiencia, fama, saber, bienes, dineros o belleza.

Cristo nos llama a ser libres para amar con el corazón entero.

No se trata de tener mucho o poco, sino de estar más o menos apegados: puedes tener un vestidor muy bien surtido y no estar apegada a tu ropa, o poseer tan solo una falda y estar todo el rato pensando lo bien o mal que te sienta; puedes tener un cochazo y vivir desprendido de él, o solo un utilitario barato y estar siempre pendiente de tal pieza que hace ruido, o de que no te lo pida nadie, no sea que lo estropee...

Cuando estamos apegados a las cosas, lo que «chirría» es nuestra entrega: en el sacerdocio, en el matrimonio, en el noviazgo... da igual. La cosa suena mal cuando hay falta de generosidad.

En este sentido, hay apegos muy feos, como el egoísmo o la envidia, que hacen sufrir ante los bienes y virtudes de los demás. Pero hay también cadenas más cotidianas y extendidas como el perfeccionismo o el deseo de hacer todo bien, el vivir apegado a la fama o a otras actitudes que incluso parecen buenas.

Piensa en tu oración si hay en tu alma un apego que resta intimidad a tu vida interior y te quita la paz. Considera si te engañas tratando de buscar la perfección para Él... cuando en realidad te buscas a ti mismo, haciéndote esclavo de tu propia eficacia. *Véndelo todo y dáselo a los pobres*. Venga, sé valiente. La Virgen y los santos te ayudan desde el cielo. ¿Cuándo te darás «de verdad»?

3. *Y luego, sígueme*. Otra afirmación sorprendente. Porque solo un amor muy grande justifica dejarlo todo por seguir a alguien. Por ejemplo: el matrimonio. *Por eso dejará el hombre a su padre y a su madre y se unirá a su mujer* (*Gn* 2, 24). Los hombres son capaces de dejarlo todo por el amor a una mujer; y las mujeres, por el amor a un hombre... ¿Acaso puede pedir Cristo un amor de este calibre? ¡Claro que sí!

Por eso, aunque la llamada a seguir a Jesús va dirigida por igual a todo el mundo, este pasaje del joven rico ha sido interpretado como aquel que habla de la entrega a Cristo en el celibato –o sea, sin casarse–, porque parece que Jesús le exige a aquel chico un amor único e indiviso, un amor total y entregado, un amor que no podrá ser compartido por criatura alguna. El joven rico se quedó sin experimentarlo. No se atrevió: prefirió el apego a sus cosas.

Hoy esa llamada sigue resonando en la conciencia de muchos jóvenes: chicos y chicas modernos, normales, libres y alegres, que han dedicado a Dios toda su vida en el celibato o la virginidad... ¡qué cosa tan bonita! ¡qué vocaciones tan maravillosas!

Ellos –todos ellos– son como un recordatorio para toda la humanidad de que Dios sigue siendo capaz de colmar los corazones de los hombres. De hecho, lo será siempre. Sus vocaciones son esa «mirada de Cristo llena de cariño» de la cual habla el evangelio. Es bonito detenerse a contemplarla en la oración. «Muéstranos, Señor, la dulzura de tu mirada».

OCTAVA SEMANA. MARTES

1. La exigente pregunta de San Pedro.
2. ¿Es cargante la entrega? La promesa de Jesús.
3. Saber hacer frente a las persecuciones interiores.

1. Pedro ha escuchado la invitación que Cristo ha dirigido al joven rico, y ha presenciado su rechazo, así como la insistencia del Señor a vivir libres de las riquezas y de cualquier apego. Su reacción no puede ser más espontánea: *Ya ves que nosotros lo hemos dejado todo y te hemos seguido* (*Mc* 10, 28), y san Mateo añade una pregunta que el evangelio de Marcos, quizá movido por un pudor no disimulado, no incluye, ¿qué nos va a tocar? (*Mt* 19, 27).

¡Qué amargas debieron resultar esas palabras al corazón de Jesús! Es como si Pedro dijera: «oye, que estamos aquí contigo todo el día, que teníamos nuestros negocios, nuestros amores, ¡nuestra vida!... y no hemos tenido reparo en abandonarlo todo por seguirte. Ya es hora de que nos hables de la recompensa, amigo Jesús. Hemos hecho el sacrificio de venirnos contigo... ¿tú qué dices?». ¿No te suenan acaso estas palabras un poco parecidas a ese otro lamento del hijo mayor en la parábola del hijo pródigo?

Sería muy triste escuchar hablar así a un sacerdote o a una religiosa o a cualquier persona que se ha dedicado a Dios. ¿Te imaginas? Pensaríamos que no se ha enterado de nada si echara en cara a Dios las muchas cosas que dejaron para seguirle: su casa de tanto valor, su ropa de marca, su posición social, su inteligencia... ¡lo que sea!

Sin embargo, en la respuesta de Cristo no hay sombra de desconsuelo. Podría haberle dicho: «mira Pedro, te lo doy todo. ¿Qué más quieres que haga? Te doy mi palabra, mi compañía y mi amistad. Recibes mi enseñanza, ves mis milagros, aprecias mis sacrificios, ¡convives con el Amor! ¿Y aún pides más? ¿Qué más quieres que haga, Pedro amigo?». Y como disculpándose, el Dios hombre concluiría con palabras idénticas a las del padre de la parábola: «amigo, todo lo mío es tuyo».

Si poco delicada fue la exigencia de Pedro, magnánima fue la respuesta de Cristo, porque Jesús nos comprende perfectamente, incluidos nuestros temores y egoísmos: *Recibiréis cien veces más de lo que habéis dado.*

2. *En verdad os digo que no hay nadie que haya dejado casa, o hermanos o hermanas, o madre o padre, o hijos o tierras, por mí y por el evangelio, recibirá ahora, en este tiempo, cien veces más –casas y hermanos y hermanas y madres e hijos y tierras, con persecuciones– y en la edad futura, vida eterna* (Mc 10, 29-30).

Cristo sabe muy bien que necesitamos consuelos en nuestra entrega y que, aunque hemos querido darle todo de verdad, muchas veces precisamos una palabra de amigo que nos lo recuerde. ¿A qué me refiero? A alguien que nos diga, lleno de seguridad, que hacemos bien entregándonos, que siendo fieles hijos de Dios estamos estupendamente, que caminando con paso firme en nuestra vocación vamos por el camino correcto; en definitiva, que aunque tengamos que ir *muy* contracorriente... ¡vamos muy bien!

Nunca la entrega será pesada... pero por la pequeñez de nuestro corazón y la falta de paciencia, ¡cuántas veces se hace cargante! Cargante nuestro esposo, cargante nuestra esposa, cargante nuestro trabajo, cargantes nuestros hijos, cargantes nuestros fieles (eso dirán los sacerdotes), cargante la oración, cargante... ¡todo!

Somos así. ¡Qué bueno es Jesús! Lo sabe y no lo condena; no te expulsa, no se enfada. Es fuerte decirle a Cristo que se hace pesada la entrega y que los hombres, en ocasiones, miran atrás y al ver todo lo que dejaron les entra un poco de nostalgia y piden cuentas por lo entregado... Pero más fuerte es ver que no hay ni reproche ni mala palabra en la respuesta del Señor. Hay soluciones. *Cien veces más*. ¿Y sabes qué es lo mejor de todo? Que es verdad. Deja una cosa y encontrarás cien: esposa, esposo, madre, padre, hermanos, hermanas, hijos... muchos hijos. Por el amor de Dios. Para Él. Para su Iglesia.

3. Ciento por uno, también en persecuciones. Persecuciones que vienen de fuera con más o menos violencia; persecuciones que vienen de dentro, que pueden ser mortales y de las cuales somos bastante responsables. Vamos a fijarnos un poquito en ellas.

Presta atención en tu vida espiritual –ordinariamente y con constancia– a aquellas «dudas» o «desesperanzas» que afloren en tu alma. Piensa si alguna vez las has dejado entrar, si has permitido que te quitaran –aunque sea mínimamente– la paz. Ya sabes que es más fácil apagar una llama que un incendio: no las dejes crecer.

Dice el refranero que «ojos que no ven, corazón que no siente». Pero aquí no sirve: simplemente no funciona. Por eso, acepta este consejo: no mires hacia otro lado cuando te encuentres frente a esas cosas que te hacen difícil creer o que te generan escepticismo y minan tu entrega. Este no es un buen sistema para apagar nuestras incertidumbres porque la chispita de falta de certeza crecerá hasta adquirir un tamaño que ya no podrás apartar de tu vista. Será imposible. Es como un ovillo de lana: si hay un cabito suelto, por pequeño que sea, alguien puede tirar y se deshace la madeja.

Las zozobras interiores se sosiegan en la sinceridad de tu dirección espiritual: si dudas, «pregunta»; si no puedes, «dilo». El diablo es demasiado amigo de que nos encerremos en nosotros mismos, de que nos convenzamos de que «total, no es para tanto...» o, al revés, de que «el mío es un caso único» y, por tanto, «el sacerdote no me entenderá» o, peor todavía, «no tiene solución». Aprende a reírte de estas sugerencias del demonio: es un vanidoso, lleva fatal que se burlen de él. Ríete y piensa que lo único que no tiene solución es que te encierres en ti. Por eso mismo, las inquietudes del alma se atenúan también en el tiempo que pasas en oración delante del sagrario, en la devoción confiada y filial a María, y en la perseverancia en fidelidad. «Reza», «habla», y «persevera» considerando una y mil veces el inmenso amor que Jesús –¡el más fino amante!– te tiene, la alegría que le das a su Corazón con tu entrega.

Como el Señor sabía que hay momentos en que la entrega no sabe dulce y todo se hace costoso, prometió una recompensa final: la «vida eterna» porque con esperanza todo se puede superar.

OCTAVA SEMANA. MIÉRCOLES

1. Revestirse de Nuestro Señor Jesucristo.
2. No se trata de un sitio a derecha a izquierda,
sino de ser el mismo Cristo.
3. Para identificarse con Cristo: servir.

1. El héroe se forjó en la contemplación de las cosas más normales y en un encuentro extraordinario con Jesucristo. Podríamos decir que la grandeza de san Pablo se gestó en Tarso y en Damasco. Digamos que no se puede entender la una sin la otra. Hoy, en nuestra oración, nos vamos a acercar a Pablo joven, cuando aún era Saulo.

Situada prácticamente en el extremo sudeste de la actual Turquía, Tarso era una ciudad que, sin ser una de las famosísimas capitales de la cuenca mediterránea como Roma, Atenas o Alejandría, tenía, sin embargo, su importancia. El trasiego comercial era grande, llegando a sus puertos cantidades de barcos de las más diversas procedencias. El carácter de Saulo se educó, seguro, junto al mar, contemplándolo y meditando con los salmos la grandeza de un Dios capaz de hacer cosas tan bellas.

Por su localización geográfica, Tarso era una ciudad lo suficientemente interesante como para no pasar desapercibida. Recibía influencias tanto de oriente como de occidente, y en ella había judíos y griegos, esclavos y libres, romanos... ciudad rica en razas y culturas, también en religiones. Pablo observó muchas veces los ritos paganos, en que los ciudadanos se disfrazaban de sus dioses: unos de pez, otros de águila y otros muchos de no se sabe cuántas cosas más.

Años después, Pablo se convertirá al cristianismo. Su aprendizaje en Tarso no quedará sepultado, y usará muchas figuras que, aprendidas en su niñez, le servirán para su predicación. Cuando se dirige a los cristianos de Colosas les anima a *revestirse del hombre nuevo* (*Col* 3, 9), que es Jesucristo.

En el fondo, exhorta a los cristianos a hacer lo mismo que sus contemporáneos paganos: revestirse de su dios; pero no con disfraces, sino imitando sus virtudes y aumentando el deseo de parecerse al único Dios verdadero.

Llámalo como quieras: una vocación como la nuestra, de hijos de Dios por el bautismo, habla de una sola cosa: ser otros cristos, revestirse de Cristo. ¿Le pides en tu oración y para tu vida tener siempre sus mismos sentimientos (cfr. *Flp* 2, 5)?

2. En el fondo, el evangelio que hoy leemos en Misa habla también de la identificación con Cristo. Cuando Santiago y Juan se acercan a Jesús para pedirle un puesto a su derecha o a su izquierda, Jesús les responde –movido, sin duda, por su divina audacia– preguntándoles si son capaces de beber el cáliz que Él ha de beber.

Nuestro Señor no les promete un lugar preferente en el Reino de los Cielos, sino que les pregunta si quieren ser «Él mismo», porque compartir del destino de Cristo es identificarse con Él: *¿Podéis beber el cáliz que yo he de beber?* (*Mc* 10, 38).

Santiago y Juan contestaron al unísono: *¡Podemos!* Estos apóstoles, ya por inconsciencia, ya por audacia, fueron muy valientes al responder que «podían»; que sí, que querían ser iguales a Cristo. Quizá pensaban que Jesucristo pronto reinaría con poder, y para ellos ser igual a Cristo no era, en es ese momento, morir a sangre y fuego, llorar lágrimas en la persecución y sufrir hasta el final por amor a Él. Con todo, estaban dispuestos también a esto, como luego se demostró, porque junto a su audacia había una inmensa confianza en Dios.

Para adquirir la dulzura de Cristo, la paz del corazón de Jesús, su caridad y paciencia, es necesario que nos lo creamos, que seamos un poquito decididos: «¡Señor, puedo!». Y a la vez, tenemos que darnos perfecta cuenta de que sin Él no podemos nada. Es como un juego de contrarios, que te ayudará a hacer este rato de tu oración: dile que quieres parecerte a Él, al tiempo que reconoces tu absoluta debilidad: «¡Señor, quiero!, Señor... no puedo, pero hazlo tú. Me fio».

3. Cuando uno se disfraza, lo pone todo al servicio de su objetivo, parecerse al imitado. Si uno quisiera imitar, por ejemplo, al conde Drácula, necesariamente tendrá qué hacerse con unos buenos colmillos; si quieres parecerte al jorobado de Notre Dame, ya puedes ir gestionando una buena chepa; y si finalmente lo tuyo es el terror y tu ídolo es Frankenstein... ánimo con la manufactura de una buena cabeza cuadrada y unos tornillos adecuados.

En cambio, si quieres «disfrazarte» de Cristo, revestirte de Él, imitarlo, ser como Él, no te harán falta ni colmillos ni chepas ni tornillos, sino algo mucho más –digámoslo así– útil y precioso: «el espíritu de servicio».

¿Quieres parecerte a Cristo? Escucha y medita sus palabras porque van dirigidas a ti: *Sabéis que los que son reconocidos como jefes de los pueblos los tiranizan, y que los grandes los oprimen. No será así entre vosotros: el que quiera ser grande entre vosotros, que sea vuestro servidor; y el que quiera ser primero, sea esclavo de todos. Porque el Hijo del hombre no ha venido a ser servido, sino a servir y dar su vida en rescate por muchos* (Mc 10, 42-45).

OCTAVA SEMANA. JUEVES

1. La perseverancia confiada en la súplica.
2. Sufrir improperios por amor a la cruz.
3. Pedir a Jesús, pedir al Dios verdadero.

1. Gritar es siempre algo molesto. El hecho mismo es de mala educación salvo que uno se encuentre en una manifestación o en un espectáculo deportivo, o incluso perseguido en un espeso bosque por un oso pardo: en tal caso vociferar puede ser no solo una emoción colectiva sino de una necesidad imperiosa.

No debió de resultar muy agradable escuchar al ciego Bartimeo que alzaba la voz al borde del camino. Trata de imaginarlo. Cristo deja Jericó a su espalda; tal es el tumulto y tal la expectación que el ciego reconoce la proximidad del Señor. No quiere perder su oportunidad. No lo desea. Al contrario, sueña con estar cerca de Él. Una petición. Un motivo.

Lo conseguirá al término de una lucha sin tregua contra los que quieren acallar su voz. Hubo de soportar muchos improperios: *Muchos lo increpaban para que se callara*, reza el texto evangélico (*Mc* 10, 48). No parece, por tanto, que fueran uno o dos los que le amonestaban.

Muchos y de muchas maneras. Con exabruptos coercitivos e incluso con gestos de violencia. Ten por seguro que alguno le propinó un puntapié para apartarlo aún más del camino, otros tratarían de cerrarle la boca para que no importunara al Maestro... *pero él gritaba más* (*Mc* 10, 48).

Es admirable la perseverancia del ciego en su petición, solo comprensible si entendemos que estaba muy seguro de poder conseguir su propósito o, al menos, tenía una esperanza grande de lograrlo.

Pregúntate ahora, en silencio, si tu oración presenta estos mismos rasgos distintivos: confianza, porque sabes que Dios lo puede todo; perseverancia, porque te empeñas cada día en esta labor santa.

2. Bartimeo fue capaz de encajar los insultos y las humillaciones sin desanimarse. Sabía lo que quería y apostó por ello. Tan seguro estaba de su posible curación. Valía la pena intentarlo.

¿Y nosotros, sabemos sufrir? El ciego soportó los improperios, después de todo, por una recompensa material. ¿Qué no seremos capaces de soportar tú y yo, que hemos conocido a Cristo flagelado y muerto en la cruz por nosotros, y tenemos certeza de la eficacia espiritual y redentora de sufrir por amor?

Fíjate bien ahora en las preciosas palabras de Simeón el teólogo, monje griego venerado como santo por la iglesia ortodoxa: «Los que son amigos de Dios y le aman», esos queremos ser tú y yo, «los que lo poseen en su interior como un tesoro inviolable, acogen los insultos y las humillaciones con una alegría y una felicidad indecibles (cfr. *Mt* 5, 10-12)»[1].

Los hijos de Dios hemos de rebosar de amor –y amor sincero– con los que nos hacen sufrir. En el fondo, ellos son nuestros bienhechores: nos hacen comulgar con Jesús en el centro mismo de su misión redentora. Así lo expresa Simeón cuando afirma: «El que no conoció caída alguna, el Señor Jesús nuestro Dios, fue golpeado, para que los pecadores que le imitan no solo reciban el perdón sino que lleguen a participar de su divinidad por su obediencia. El que no acepta las afrentas con humildad de corazón, el que se avergüenza de imitar los sufrimientos de su Maestro, entonces, también Cristo se avergonzará de él, en presencia de los ángeles (cfr. *Lc* 9, 26)».

Finalmente, el monje añade: «fue abofeteado, cubierto de escupitajos, crucificado: estremeceos, hombres, temblad, y soportad también vosotros con alegría los insultos que Dios sufrió por nuestra salvación. Dios recibe una bofetada del último de sus siervos (cfr. *Jn* 18, 22) para darte un ejemplo de victoria; ¿y tú no aceptas el mismo tratamiento por parte de uno de tus semejantes? Si te avergüenzas de llegar a ser imitador de Dios, ¿cómo reinarás con él? Si, esperándolo, no eres paciente en las vejaciones, ¿cómo serás glorificado con él en el Reino de los cielos?».

3. Fue muy famoso cuando, mediado el 2012 –o más probablemente a finales de año– uno de los hombres

---

[1] SIMEÓN EL NUEVO TEÓLOGO, *Catequesis, 27*. También para el resto de citas de esta meditación.

más ricos del mundo donó la cantidad de 20 millones de euros a una institución de caridad. Comentado en todos los foros, declaraciones de toda índole fueron vertidas a la opinión pública, porque no todo el mundo estaba de acuerdo.

Eso hizo pensar a muchos lo que significa poder disponer, libremente y al instante, de tantísimo dinero y poder darlo también libremente. Imagina por un instante que un día suena tu móvil y una voz femenina te anuncia que es la secretaria de ese multimillonario. Quiere concertar una cita contigo. Estoy convencido de que, una vez superado ese susto inicial, te presentarías sin dudarlo el día y a la hora convenidas. Sigue imaginando, es solo un suponer, que el magnate te pregunta qué deseas y qué puede hacer por ti. Seguro que le pedirías que te sacara de cualquier apuro económico durante toda tu vida; aún más, le rogarías una renta suficiente para tener una existencia de lo más cómoda. A lo mejor le pedirías bienes inmuebles o vete tú a saber.

Cuando el ciego del evangelio fue llamado a la presencia de Cristo, bien sabía él que no tenía delante a un millonario, sino a alguien mucho más grande: el Mesías de Dios. Bartimeo no pidió a Cristo como se pide a alguien que tiene mucho pero no lo puede todo. Él suplicó ver. Pidió lo imposible al que es capaz de crear de la nada y producir la gracia en el alma. Podría haber pedido algo de tejas para abajo; algo como tener una residencia cómoda o la comida asegurada. Podría incluso haberse desanimado, al contemplar que Cristo le pregunta por sus necesidades... ¿No había leído el Mesías los pensamientos de los hombres en otras ocasiones? Daba igual: lo cierto es que el ciego quería ver y sabía a quién debía pedírselo. Le pidió a Cristo, intuyendo que Él es Dios verdadero... y Él se lo concedió.

Nuevamente me cuestiono y pienso qué cosas pedimos a Dios. ¿Podrías pedírselas también a un potentado lleno de euros o dólares? ¿Pides a Dios lo que solo Dios puede dar: la salud del corazón y la salvación del alma?

Termina nuestra oración, y resuena con nuevo acento en nuestros oídos la pregunta del Señor: ¿Qué quieres que haga por ti?

OCTAVA SEMANA. VIERNES

1. Siempre es tiempo de frutos para el hambre de Dios.
2. La fe en el buen Dios.
3. Pedir la fe de María.

1. En el evangelio de hoy hay dos momentos de instrucción de Jesús a sus discípulos. El primero se abre con el acto de maldecir la higuera, porque no tenía frutos, que termina al final del evangelio, con su explicación; el segundo tiene que ver con la entrada en el templo y la expulsión de los mercaderes que negociaban allí. Vamos a centrar nuestra oración en la primera enseñanza de Jesús: la higuera maldecida y su explicación.

El evangelio dice que Jesús sintió hambre, al punto que se acercó a una higuera con el propósito de encontrar algún higo que pudiera saciarle. El evangelista Marcos es muy sincero al añadir que era imposible que aquel árbol tuviera fruto, porque no era tiempo de higos. Jesús, sin importarle esto, al no encontrar el fruto apetecido le dijo al árbol: *Nunca jamás coma nadie frutos de ti* (Mc 11, 14) La frase es durísima: jamás, nunca, nadie. No cabe una condena más absoluta, y parece que no es del todo justa con aquella pobre higuera: no era tiempo...

Jesús sigue teniendo hambre o, mejor, Cristo sigue teniendo sed. Sed de nuestra fe, sed de nuestra entrega, sed de nuestro apostolado y de nuestro fruto. Podremos argumentar de mil modos al Señor que este momento de mi vida «no es tiempo de frutos»: que ahora no me encuentro bien, que me veo muy solo o muy sola, que mis compañeros no me entienden, que la sociedad está como está... y con todo Cristo seguirá buscando fruto.

Siempre es tiempo de frutos porque siempre es tiempo de amar. Pruébalo: no es tan difícil. Es morir a cada ratito. Es sonreír, aunque no apetezca; es hacer ese favor, aunque no cuadre; es pensar en los demás, sus cosas, sus ilusiones, sus pasiones, sus proyectos.

Amar. Morir. Morir a ti mismo por amor a los demás, por amor a Jesús.

Nunca el amor llega en mal momento. Siempre es tiempo.

2. Jesús explica, al final del evangelio, por qué maldijo aquel árbol. La higuera es el pueblo de Israel, que no ha dado fruto y ha perdido la fe. Por eso se ha quedado seca y por la misma razón Cristo nos exhorta a «tener fe en Dios».

La comparación es fuerte: *En verdad os digo que si uno dice a este monte: «Quítate y arrójate al mar», y no duda en su corazón, sino que cree en que sucederá lo que dice, lo obtendrá* (Mc 11, 23). ¿Te imaginas una montaña –una montaña cualquiera, no hace falta que sea muy alta– arrancándose de raíz y cayendo al mar? ¡Qué espectáculo!

Jesús promete justamente eso para el creyente. ¿Acaso es un milagro menor la conversión de una persona alejada de la fe, la esperanza de un enfermo terminal o la curación de ese familiar tuyo que tenía una enfermedad irreversible?

Dios es muy poderoso, lo atestigua su creación: los cielos, la tierra, los planetas, las estrellas, la multitud de animales, plantas... ¡cuánta belleza! Pero, como decía san Agustín, más aún muestra el poder de Dios el perdón de los pecados, porque si la creación fue obra de su potencia, la justificación es obra de su misericordia. Dios misericordioso, Dios Padre bueno... Dios todopoderoso.

Tened fe en Dios, afirma Cristo en el evangelio; que es como decir: paladea, gusta, ¡disfruta! de su bondad infinita. Al santo cura de Ars le sorprendieron muchas veces en medio de la calle, recogido –manos juntas, ojos cerrados, dulce rostro–, recitando una oración muy simple pero llena de sabiduría: «Mi buen Padre Dios». Con eso basta: «mi buen Dios...».

«Ten fe en el buen Padre Dios». Descansa en Él.

3. Un modelo de fe: la Virgen. La fe de María dio ciertamente mucho fruto. María, modelo de fe grande, como dice Benedicto XVI:

«Por la fe, María acogió la palabra del Ángel y creyó en el anuncio de que sería la Madre de Dios en la obediencia de su entrega (cfr. *Lc* 1, 38). En la visita a Isabel entonó su canto de alabanza al Omnipotente por las maravillas que hace con quienes se encomiendan a Él (cfr. *Lc* 1, 46-55). Con gozo y temblor dio a luz a su único hijo, manteniendo intacta su virginidad (cfr. *Lc* 2, 6-7). Confiada en su esposo José, llevó a Jesús a Egipto para salvarlo de la persecución de Herodes (cfr. *Mt* 2, 13-15). Con la misma fe siguió al Señor en su predicación y permaneció con Él hasta el Calvario (cfr. *Jn* 19, 25-27). Con fe, María saboreó los frutos de la resurrección de Jesús y, guardando todos los recuerdos de su corazón (cfr. *Lc* 2, 19.51), los transmitió a los Doce reunidos con ella en el Cenáculo para recibir el Espíritu Santo (cfr. *Hch* 1, 14; 2, 1-4)»[1].

Como María: una fe inmensa, un SÍ mayúsculo, una entrega delicada, cotidiana, continua, sin reservas.

---

[1] Benedicto XVI, *Porta fidei*, 13.

OCTAVA SEMANA. SÁBADO

1. «Beth, he buscado la verdad».
2. ...y uno de aquellos escribas bien pudo decir:
«He temido la verdad».
3. «Mi búsqueda de la verdad era mi oración».

1. «Beth, he buscado la verdad». Estas son unas de las últimas palabras que el gran pensador Ludwig Wittgenstein dirigió, ya en su lecho de muerte, a su fiel asistente y discípula Elizabeth Anscombe. Y ojalá se puedan aplicar también a tu vida y a la de cualquier discípulo del Señor. Aunque tu búsqueda no raye la altura intelectual del filósofo Vienés, pídele a Dios que alimente tu alma el mismo deseo por alcanzarla. Porque, no lo olvides, la verdad sabemos bien qué nombre tiene: Jesucristo. Buscarle a Él es buscar la verdad, la verdad de Dios y la verdad de la propia vida y de su cumplimiento. Pero, también, buscar la verdad es, aun para quien no tiene conciencia de ello, una búsqueda de aquel que es verdad y vida.

No pienses que esta consideración inicial nos aleja del pasaje del evangelio que la liturgia de la misa de hoy presenta para nuestra consideración, más bien al contrario. Porque la búsqueda auténtica de la verdad o, quizá más bien, la ausencia de la misma en los interlocutores de Jesús, está en el fondo de lo que plantea la escena de san Marcos. Atiende al contexto en que se produce el diálogo: Jesús acaba de expulsar del templo a los vendedores de animales para ofrecer en sacrificio invocando para ello la Escritura (cfr. *Mc* 11, 15-18). Y los sacerdotes, escribas y fariseos comprenden bien el calado de lo que ha hecho Jesús en el templo, por eso le preguntan acerca de la autoridad con que actúa. Y, al menos formalmente, la pregunta está bien formulada porque es esa precisamente la cuestión: o Jesús actúa de parte de Dios, con su autoridad para renovar todas las cosas, o resulta del todo digno de rechazo, al pretender usurpar algo que pertenece solo a Dios. La pregunta es pertinente, es más, es necesaria para conocer a Jesús de verdad. Porque de cómo respondas a esta cuestión dependerá cuál sea tu relación con el Señor: ¿un buen ejemplo?, ¿un ideal hermoso?, ¿o Dios mismo que viene a tu lado para compartir contigo su vida?

2. Si la pregunta de los sacerdotes, los escribas y los ancianos no es improcedente, sino que, más bien al contrario, es del todo pertinente e incluso necesaria, ¿por qué Jesús no responde con más claridad?, ¿por qué les devuelve –permíteme la expresión– la pelota a su tejado con esa pregunta acerca de Juan el Bautista y su predicación? Precisamente por lo que antes te sugería: no van con mirada limpia. En realidad, preguntan pero no con sinceridad y limpieza. No hay en ellos una honesta búsqueda de la verdad, sino un intento de encontrar en Jesús algo por lo que acusarle. Por eso, ante la pregunta de Jesús, no responden sinceramente, sino que, temiendo la reacción del pueblo contesten lo que contesten, aducen no saber. Temen a la gente, pero, sobre todo, temen a la verdad como ha explicado san Agustín de modo insuperable: «El temor a la lapidación, y otro temor mucho mayor, el de confesar la verdad, les hicieron responder con falsedad a la verdad, y "la iniquidad se engañó a sí misma" (*Sal* 26, 12). Dijeron: Lo ignoramos. El Señor que veía cómo ellos se cerraban la puerta para su mal, negando lo que sabían, no se la abrió, porque no llamaron, pues está escrito: "Llamad y se os abrirá" (*Mt* 7, 7). Y no solamente se abstuvieron de llamar para que se les abriese, sino que además por fementida negación, tapiaron la puerta misma en contra suya. El Señor les dijo: "Ni yo os digo con qué poder hago estas cosas"»[1].

Ciertamente el Señor se ha comprometido a abrir a quien llame, a dar a quien le pida, pero no dará a quien no quiere recibir ni abrirá a quien no llame a la puerta. Aunque no está en la mano de quien busca encontrar ni de quien llama abrir, el evangelio de hoy pone de manifiesto el lugar irreemplazable que tiene esa búsqueda para poder encontrar la verdad acerca de Dios y de la vida. Y, manifiesta también, cómo el temor a esa verdad, el verla como una amenaza para la propia posición o comodidad, resulta un obstáculo insalvable que frustra la posibilidad de hallar la misma verdad. Por eso hazte esta pregunta: ¿soy de los que buscan la verdad sin temerla, sin recelos? Porque solo esos encuentran.

---

[1] San Agustín, *Tratado sobre el evangelio de san Juan*, 2, 9.

3. Buscar la verdad con sinceridad, honestamente y sin temor a ella, es algo tan sublime que Edith Stein, santa Teresa Benedicta de la Cruz, una de las mujeres más admirables del siglo XX, llegó a decir de ella que fue durante buena parte de su juventud su «auténtica oración». Es tanto como decir que buscar la verdad de corazón nos pone ya en diálogo con aquel que es la Verdad. Y por eso es tan importante que nunca dejemos de buscar, de desear esa verdad que ilumina la vida de los hombres.

Pero de esta relación entre búsqueda de la verdad y la posibilidad de encontrar y conocer a Jesús en la oración se sigue también que esta última resulta del todo imposible cuando la verdad no está presente, la verdad acerca de quién es Él y de quién eres tú y cuál es la voluntad de Dios para ti. Porque en ese caso la oración dejaría de ser diálogo con el Señor para convertirse en el monólogo interior de quien, de espaldas a la verdad de su vida, teje una historia sin alma. ¡Ojalá no caiga nunca tu vida interior en la tentación de dar la espalda a la verdad! Por más que a veces incomode, e incluso escueza, no olvides que la verdad es siempre la única base sólida para cualquier relación humana y divina.

NOVENO DOMINGO. CICLO A

1. El secreto del amor.

2. Manos vacías.

3. La piedra vale la pena.

1. El texto del evangelio de hoy se enmarca en el contexto del famoso Sermón de la montaña. Jesús habla, con la fuerza del Maestro, con la intimidad del amigo y con la exigencia de Dios, a aquellos discípulos que le siguen. Es mucha la gente que se va arremolinando en torno Jesús; como muchos son también ahora los que se dicen cristianos y de hecho están bautizados. Pero hoy, como entonces, no sé si de verdad sabemos lo que significa, lo que supone nuestra pertenencia a Cristo.

Pero Jesús es muy claro: *no todo el que me dice «Señor, Señor», entrará en el Reino de los cielos, sino el que hace la voluntad de mi Padre que está en los cielos* (Mt 7, 21). No cabe duda, el mensaje es corto y directo; el núcleo de la fe es obedecer a Dios. Y eso, ¿cómo se hace? Si nos atenemos a las palabras de Jesús esa obediencia precisa de docilidad; es decir, no se trata de palabras vacías sino de una disposición interior. Lo primero es querer obedecer, y esto no siempre es fácil. Nuestro criterio, nuestra satisfacción, lo que nos gusta y toda una serie de pasiones mal enfocadas pueden desvirtuar nuestro deseo.

Por otro lado, obedecer no es solo –por lo menos en este caso– cumplir de manera autómata una orden, sino que significa querer lo que hago y a quien me lo pide. La obediencia a la Voluntad de Dios está íntimamente vinculada al amor. «Comencemos por el principio: ¿qué es amar a alguien? Amar a alguien es amar su voluntad. Mi voluntad es lo más mío de mí mismo (...). Por eso, no puedo decir que amo a alguien si no amo su voluntad. Si amo su belleza, o sus cualidades, o su carácter, o su simpatía... todo eso está muy bien, pero también lo tienen muchas otras personas (...). Es muy necesario comprender bien desde el principio: amar a alguien es amar su voluntad. Mientras no ame su voluntad, no le estoy amando verdaderamente.

(...) Todas esas prácticas externas que hacéis son muy buenas y necesarias. Esa Misa diaria, ese Rosario, ese examen de conciencia por la noche, ese ayuno, esa confesión frecuente, ¡no lo dejéis nunca! Son en sí mismas prácticas santas. Pero, ¿sabéis una cosa? A ese cuerpo le falta su alma. ¡Le falta propiamente la vida, el espíritu, el aliento vital! ¿Y sabéis cuál es ese soplo vital interior que vivificará ese cuerpo de ejercicios exteriores? El deseo de cumplir la voluntad de Dios. Sin este deseo, todo lo que hacemos termina –por decirlo así– momificado. Un cuerpo sin alma»[1]. Primera gracia

---

[1] P. HENOC TAILLEAU, *Mi Doctorcito. Una Teresita aún por descubrir*, 28 y 31.

que debemos pedir: querer entrar por este camino de cumplir en todo, la voluntad de Dios, que es lo mismo que decir: desear agradar en todo a Jesús.

2. En la segunda parte Jesús vincula, de una manera dramática, el cumplimiento de la voluntad de Dios con la salvación. La expresión *aquel día* hace referencia al momento en que nos presentemos cada uno ante el juicio de Dios. ¿Qué valdrá en ese momento? ¿Qué es lo que contará? Se ha predicado muchas veces: «lo que es importante en el momento de la muerte, es lo importante ahora; lo que no cuenta en el momento de la muerte, no vale la pena tampoco ahora».

La salvación es un puro don de Dios, una muestra de su benevolencia y amor infinito por sus criaturas; no se trata de una pura adecuación entre obras buenas y malas. A veces se dice que hay que llegar al cielo con las manos llenas y entiendo lo que quieren decir los que así se expresan; pero yo creo que hay otro modo de pensar: el deseo de llegar con las manos vacías para que sea Él el que las llene del todo, si bien ese vaciamiento es fruto de la gracia y de mi correspondencia personal (acción humana y gracia divina).

«Me quedé meditando: hace cincuenta años nací. ¿Por qué? ¿Por algún mérito mío? No, mi creación yo no la he merecido. Me creó gratuitamente, me amó antes de que yo existiera. Señor, yo vine al mundo con las manos vacías, por gratuidad, solo por tu amor. Quiero en mi verdadero nacimiento a la vida, en mi muerte, entrar en el cielo como entré en la tierra, ser solamente un producto de tu amor gratuito. Quiero estar en el cielo en el último rincón. Ver el gozo de todas las almas, pero estar allí solo por tu gloria, por tu amor, por

Ti. Que no haya nada, nada, nada en mis manos. La gracia que yo he recibido es que veo mis manos totalmente vacías. No tengo ningún acto de virtud. Sé que nada de lo bueno que hago es mío. Y no solo no tengo actos de virtud, es que no los quiero. No quiero tener virtudes. Quiero que mi única virtud sea la confianza que nace de la virtud de Él. A partir de ese momento la gracia mayor para mí ha sido quedar inasequible al desaliento. Por mucha miseria que contemple en mí, esa sí que es mía»[2].

3. Y por último el Señor nos hace dirigir nuestra mirada al «aquí» y «ahora». Pensar en el cielo, aspirar a la eternidad no conlleva un espiritualismo desencarnado sino que precisamente debe iluminar y empujar nuestra vida cotidiana. Con esa imagen de la casa construida sobre roca o sobre arena nos alienta Jesús a ahondar en los fundamentos de nuestra existencia. La imagen de la piedra nos trae al recuerdo aquellas palabras de san Pablo en su carta a los corintios: *La roca era Cristo* (*1 Co* 10, 4).

Construir la casa sobre piedra es decidirse a vivir con coherencia nuestra vocación cristiana; en todos los ambientes y hasta las últimas consecuencias. Que el primer mandamiento de amar a Dios, y al prójimo, sea de verdad la norma de nuestra conducta habitual.

¿Cómo es posible llevar a cabo todo lo que hemos dicho hoy? Humanamente imposible, pero no debemos olvidar que la gracia de Dios nos ayuda y sostiene. Para cumplir la voluntad de Dios no hay otro camino,

---

[2] ABELARDO DE ARMAS, *Notas personales* (17-02-1981).

no existe, que dejar al Espíritu Santo –correspondencia personal– que actúe libremente en nosotros. Pregúntate ahora, en silencio, si estás dispuesto a ello y cómo lo vas a hacer realidad.

NOVENO DOMINGO. CICLO B

1. Un pecado campestre.
2. Al pie de la letra, no.
3. El termómetro de la alegría.

1. El evangelio de hoy vuelve a presentarnos otro de los enfrentamientos entre Jesús y los fariseos, esta vez por un incumplimiento del precepto sabático: iba caminando con sus discípulos, tranquilamente, con una conversación amena, distendida –no hay que imaginarse a Jesús hablando continuamente de cosas elevadas o superiores–, posiblemente alternando risas y bromas con unos y otros, y los discípulos en ese ambiente de paseo iban arrancando, quizás de modo instintivo (yo creo que todos lo hemos hecho muchas veces cuando hemos ido por el campo) las espigas que se encontraban a ambos lados. Pero aparecen los fariseos contemplando la escena; a veces pienso que estos personajes son como aquellos de las películas que lo miran todo desde detrás de la cortina de su habitación. Apelan a la ley del sábado, que había sido impuesta por el mismo Dios con el fin de que ese día fuera consagrado a Él, para atacar a Jesús por realizar trabajo el día santo. Con el paso del tiempo los fariseos y doctores de la ley habían incrementado este precepto hasta detallar la cantidad de metros que se podía caminar y otros mil detalles nimios de escaso interés; si bien ellos mismos era muchas veces incapaces de cumplir lo que con tanta rigidez exigían a los demás.

En este caso, como en todo, los fariseos se ataban a la pura ley, y Jesús vuelve a hacerles ver que la ley tiene sentido en la medida que conduce hacia un fin: el trato con Dios. Así pues, si se pedía no trabajar, si se pedía el cese de las actividades comerciales no era sino para poder dedicarse más a la oración y a la vida de familia. *El sábado se hizo para el hombre y no el hombre para el sábado* (*Mc* 2, 27). Con esta afirmación Jesús quiere recordar que el fin de las leyes que Dios prescribe es el bien del hombre, su santidad y su felicidad, y no tanto fastidiarnos la vida. ¿Alguna vez te has parado a pensar en por qué existen los mandamientos?, ¿y las leyes que tienen que ver con la moral? Párate un minuto, mira en tu corazón, ¿por qué las cumples?

2. Para mucha gente, y ojalá tú *no* te encuentres entre ellos, las normas morales, el precepto de ir a Misa los domingos, incluso los mismos mandamientos son leyes impuestas desde fuera que nos hacen un poco más dura la vida, privándonos de disfrutar de ciertos aspectos que acabamos exagerando. Cuando Dios pensó los mandamientos, cuando sembró unos principios naturales en nuestro corazón, lo hizo con el único fin de dotarnos de unos medios para ser felices, para encontrarnos con Él; pero si alguien se adueñara de la ley, la privara de la su finalidad y la encerrara en sí misma llegaría a carecer de sentido. Los fariseos tan sujetos al rigorismo de la letra habían hecho odioso su cumplimiento, de modo que lo

que era camino de encuentro con Dios se vuelve condenación. «Hombres de cerrazón, tan apegados a la ley,
la letra de la ley, no a la ley, porque la ley es amor; sino
a la letra de la ley, que siempre cerraban las puertas de
la esperanza, del amor y de la salvación... Hombres que
solo sabían cerrar. El camino para ser fieles a la ley, sin
descuidar la justicia, sin descuidar el amor es el camino
contrario, del amor a la integridad; del amor al discernimiento; del amor a la ley. Este es el camino que Jesús
nos enseña, totalmente opuesto al de los doctores de la
ley. Y este camino del amor a la justicia, lleva a Dios. En
cambio, el otro camino, el de estar pegados únicamente
a la ley, a la letra de la ley, lleva al cierre, al egoísmo.
El camino que va desde el amor al conocimiento y al
discernimiento, al cumplimiento pleno, conduce a la
santidad, a la salvación, al encuentro con Jesús (...). La
carne de Jesús es el puente que nos acerca a Dios... no la
letra de la ley: ¡no! En la carne de Cristo, la ley tiene su
cumplimiento pleno»[1].

Me parece que conviene siempre que los hombres
demos a Dios –si se puede hablar así– la presunción de
inocencia, porque muchas veces le culpabilizamos de
cosas que simplemente nos incomodan o en el fondo nos
resultan difícil vivir y, en vez de luchar por conseguirlo,
sabiendo que está comprometida nuestra felicidad, nos
conformamos con teorizar diciendo que la Iglesia debería modernizarse o hacerse a los tiempos modernos.

Me pregunto. Te pregunto: ¿procuras formarte para
conocer el fondo del misterio de Dios, su revelación y el
camino que te invita a seguir? Si no sabes dar razones,

---

[1] PAPA FRANCISCO, *Meditación* (03-10-2014).

vendrá cualquiera con fuerza y convicción –no hablo de que tenga la verdad– y te turbará y lo pasarás mal (¿todo esto será verdad?, ¿y no sería mejor modificar eso, recortar la exigencia en aquello?). Dios nos dio la razón también para que la utilicemos en su búsqueda y seguimiento; preguntar, querer saber el porqué de lo que hacemos es propio de un cristiano que quiere vivir bien su vocación.

3. Un termómetro infalible de que vivimos bien las cosas es la alegría con que las llevamos a cabo. En vez de que tu criterio sea si cuesta o no trabajo, procura que sea este: lo llena y tranquila –o no– que te deja la conciencia. ¡Claro que cuesta vivir las virtudes, tales como la pureza, la caridad, la fortaleza y tantas otras! Pero eso no es lo fundamental. Quien se queda en el mero cumplimiento de lo mandado acaba amargándose y no encontrando gusto por nada, mientras para quien descubre su significado profundo, quien descubre el sentido último de lo que se le pide, es fuente de alegría y de entrega.

Examina hoy tu comportamiento, no por fuera si no por dentro, ¿sé dar razón de la vida cristiana que intento llevar? ¿Vivo con alegría el cumplimiento de los mandamientos o se me hace pesado e insoportable? ¿Muestro con mi existencia –en el ambiente en el que me muevo– que la fe es algo que da vida y libera? ¿O por el contrario transmito una idea triste, pesada, como algo que soporto llevándolo a cuestas?

NOVENO DOMINGO. CICLO C

1. Lugar del descanso.
2. Es cuestión de fe.
3. Fe implicada.

1. *Cuando terminó de exponer todas sus enseñanzas al pueblo, entró en Cafarnaúm* (*Lc* 7, 1); así comienza el evangelio de hoy. ¡Qué privilegiadas fueron aquellas pedanías y ciudades que tuvieron la dicha de albergar a Jesús! Belén, Nazaret, Jerusalén, Cesarea de Filipo... Pues bien, podemos afirmar sin miedo a equivocarnos que Cafarnaúm es una de las más importantes: era el lugar de residencia de Pedro, y se convirtió en la «sede de operaciones» de Jesús y sus discípulos en Galilea. Cuántos episodios de la vida de Cristo se desarrollan en aquella aldea, como los que hoy leemos en Lucas.

Cuando visitas Tierra Santa, las ruinas de la casa de Pedro son una de las paradas obligadas; te explican los hallazgos arqueológicos, te describen cómo podría haber sido la casa, aprovechan para ilustrarte cómo sería la vida entonces... Yo me entretuve pensando lo que Jesús debió disfrutar de la intimidad con los suyos en aquel hogar: tantos ratos de conversación tranquila tras las comidas y cenas, conversaciones que se desarrollarían entre bromas y comentarios mutuos; un auténtico ambiente distendido donde un grupo de amigos se lo pasa bien. Durante la primera parte de su vida pública, Cafarnaúm constituyó para el Maestro un lugar de reposo y de amistad.

Qué necesario es que también nosotros sepamos descansar. Saber disfrutar de la familia, de los amigos, de un rato de conversación, de un buen libro o de admirar un hermoso paisaje es fundamental en nuestra vida.

Pero debemos dar un paso más: descubrir que la oración tiene también una dimensión de descanso, en la medida en que lo abandonamos todo en los brazos fuertes de nuestro Padre del cielo. Si la oración todavía sigue siendo «algo que tengo que hacer»; un deber que se me vuelve a veces pesado y a veces innecesario, el elemento más prescindible de mi jornada... es que todavía no has descubierto la esencia de la oración. Como para los apóstoles tratar con Jesús debe de ser para nosotros motivo de descanso; un rato durante el cual abandono mis problemas, mis dificultades, mis ansiedades, mis frustraciones para solo amar y sentirme amado; y ese amor será fuente de exigencia y conversión en mi vida ordinaria. «Jesús Tú eres mi descanso».

2. Y durante una de sus estancias en aquel lugar se le acercaron unos ancianos de parte de un centurión romano, es decir, alguien ajeno al pueblo de Israel, un pagano, en definitiva, un extranjero «ocupacionista». Este hombre utiliza a aquellos intermediarios para pedir a Jesús que cure a uno de sus criados. Nada más escuchar su demanda se puso en camino con ellos (cfr. *Lc* 7, 6).

No pide nada para sí mismo, ni siquiera para nadie de su sangre; se trata de un empleado suyo que está paralítico. ¡Qué corazón debía tener aquel centurión que, a pesar de la enfermedad, aún no ha despedido al criado! Al contrario, está poniendo todos los medios a su alcance para solucionar su situación. De momento no pide nada: solo ha expuesto las difíciles circunstancias del criado al que aprecia. Y Jesús, generoso, no solo lo va a curar –podía haberlo hecho en la distancia, como en otras ocasiones– sino que se va presentar en la casa de aquel hombre.

Dios no se deja ganar en generosidad; lo que pasa es que a veces tenemos de Él una imagen un poco deformada. Podría parecer que, en el trato con Dios, tuviéramos que forcejear con Él, convencerle de nuestras necesidades y suplicar su intervención. El Señor nos quiere a cada uno más que todos los padres y todas las madres juntas y de ordinario se adelanta a nuestros deseos mucho antes de que se lo pidamos y, lo que quizá da un poquito de pena, sabiendo que no llegaremos ni a darnos cuenta ni a agradecérselo.

Su Corazón se estremeció ante la fe de aquel pagano –curiosa afirmación– que resplandecía sobre la incredulidad de tantos judíos contemporáneos: *Os digo que ni en Israel he encontrado tanta fe* (*Lc* 7, 9). La fe y la generosidad de aquel hombre que intercedía por su criado hicieron fuerza en el Corazón de Jesús.

«Señor, auméntame la fe», debemos pedirle con insistencia. ¿Para qué? Para llevar a nuestras plegarias las peticiones de tantas personas que nos piden oraciones, o incluso poner delante de Dios a aquellos que sabemos que necesitan que se rece por ellas. Eso no significa necesariamente que se cumpla tal cual hemos pedido, Dios sabe más. Pídele a Jesús que nunca deje de actuar en tu vida –y por ti en la de los demás– por tu falta de fe.

3. Pero nos conviene recordar entonces qué es la fe. El texto es largo, pero pienso que merece la pena meditarlo despacio y pararse, cuando quieras, en las afirmaciones que más te hagan pensar, para hablar con Dios, para sincerarte contigo mismo.

«Profesar con la boca indica, a su vez, que la fe implica un testimonio y un compromiso público. El cristiano no puede pensar nunca que creer es un hecho privado. La fe es decidirse a estar con el Señor para vivir con Él. Y este «estar con Él» nos lleva a comprender las razones por las que se cree. La fe, precisamente porque es un acto de la libertad, exige también la responsabilidad social de lo que se cree. La Iglesia en el día de Pentecostés muestra, con toda evidencia, esta dimensión pública del creer y del anunciar a todos sin temor la propia fe. Es el don del Espíritu Santo el que capacita para la misión y fortalece nuestro testimonio, haciéndolo franco y valeroso.

»La misma profesión de fe es un acto personal y al mismo tiempo comunitario. En efecto, el primer sujeto de la fe es la Iglesia. En la fe de la comunidad cristiana cada uno recibe el bautismo, signo eficaz de la entrada en el pueblo de los creyentes para alcanzar la salvación. (…)

»Como se puede ver, el conocimiento de los contenidos de la fe es esencial para dar el propio asentimiento, es decir, para adherirse plenamente con la inteligencia y la voluntad a lo que propone la Iglesia. El conocimiento de la fe introduce en la totalidad del misterio salvífico revelado por Dios. El asentimiento que se presta implica por tanto que, cuando se cree, se acepta libremente todo el misterio de la fe, ya que quien garantiza su verdad es Dios mismo que se revela y da a conocer su misterio de amor»[1].

Anótalo como conclusión: la fe debe implicar necesariamente todos los aspectos de nuestra vida corriente. Piénsalo.

---

[1] Benedicto XVI, *Porta fidei*, 10.

NOVENA SEMANA. LUNES

1. La viña de Señor es la casa de Israel... y todavía más.
2. Recordar las maravillas de Dios alimenta la esperanza...
3. ...y olvidarlas termina en desastre.

1. El evangelio de la misa de hoy presenta para nuestra consideración la parábola de los labradores homicidas. Es una enseñanza pronunciada por Jesús, ya en Jerusalén después de su entrada triunfal, muy cerca de los acontecimientos de su pasión, muerte y resurrección, y este es precisamente el contexto adecuado para poder comprenderla. Jesús está hablando de sí mismo, de su misión y del plan de Dios para su creación. Pero también de los hombres, que vueltos contra Dios quieren vivir a espaldas de su creador.

Detente primero a meditar el comienzo de la historia: un hombre plantó una viña, la rodeó con una cerca, cavó un lagar, construyó una torre, la arrendó a unos labradores y se marchó lejos (cfr. *Mc* 12, 1). La viña tiene un significado múltiple, representa a Israel desde luego y es, quizá, este su sentido directo, pero también puedes ver en la viña la imagen de la humanidad y de la creación entera. Dios ha cuidado con esmero de todo cuanto ha salido de sus manos y particularmente se ha volcado con su pueblo, elegido para llevar la salvación a todos los demás. Pero todavía no hemos agotado el sentido de la viña, porque también puedes verte tú reflejado en ella. Tú eres también esa viña plantada, pues Dios te ha dado la vida sin que mediara nada de tu parte, y ha sido cuidada con delicadeza y atención por el Señor. Piensa si no en tantas cosas inmerecidas que has encontrado en tu vida: tus virtudes y habilidades, tu familia y amigos, personas que te han acercado a Dios y te alientan en el camino. A poco que pienses en ello te darás cuenta de que Dios no ha escatimado nada contigo, como no lo hizo el hombre de la viña. Dime si no es para tener un sentido agradecimiento a Dios y un amor grande a quien tanto nos ha amado y dado... y dile, al menos, «gracias».

2. Se entiende así que, como señala el papa Francisco, lo que primeramente echa Jesús en cara de los jefes del pueblo a quienes se dirige es que son «un pueblo sin memoria, que ha perdido la memoria del don, del regalo; y atribuye a sí mismo lo que es: Nosotros podemos»[1]. Y un pueblo sin memoria, sin recordar quién es, está abocado a su extinción. Y continúa señalando el papa el efecto de perder esta memoria: «Perdida la memoria, es un pueblo incapaz de hacer espacio para los profetas. Jesús mismo, en efecto, les dice que han asesinado a los profetas, porque los profetas les estorbaban. Y así, Daniel en Babilonia se lamenta: "nosotros, hoy, no tenemos profetas". Palabras que encierran la realidad de un pueblo sin profetas que le indique el camino. Es así que

---

[1] Papa Francisco, *Meditación* (30-05-2016). Y lo que sigue.

Jesús acusa a los jefes del pueblo: "vosotros habéis perdido la memoria y no tenéis profetas. Es más: cuando teníais a los profetas, vosotros los habéis asesinado". La actitud de los jefes del pueblo queda en evidencia: "Nosotros no tenemos necesidad de los profetas, nosotros somos los únicos profetas". Pero sin memoria y sin profetas –continúa el papa– se convierte en un pueblo sin esperanza, un pueblo sin horizonte, un pueblo cerrado en sí mismo que no se abre a las promesas de Dios, que no espera las promesas de Dios».

También para las personas, olvidar la propia historia y los propios orígenes es un camino seguro a la desesperanza y a la tristeza, lo es en lo humano y también en la vida espiritual. Por eso no permitas que caiga en el olvido tu historia con Dios, no dejes que se pierda en la bruma el recuerdo de lo que Dios te ha dado y de cuanto ha hecho por ti. Mantener esta memoria viva es mantener en tu corazón la llama de la esperanza y abrir la puerta a la alegría de saberse amado, cuidado y acompañado siempre por Dios.

3. Nos equivocaríamos si viésemos en la mirada agradecida al pasado de que venimos hablando, una cierta autocomplacencia o algo que ancla la vida en el pasado. Al contrario, esta mirada es el fundamento sólido para continuar el camino, el punto de partida seguro para seguir adelante. Y hacerlo de la mano de Dios, buscando conocer y cumplir su voluntad. Porque la memoria de las maravillas de Dios es la clave que permite reconocer en el presente los auxilios y las luces que nos envía, tanto los internos como los que nos ofrece a través de otras personas o de los acontecimientos de la vida. Por eso los viñadores de la parábola apalean y matan a los criados del señor que van para recoger los frutos que le corresponden, porque han olvidado que no son los dueños sino solo administradores y trabajadores de la viña, de modo que los enviados son para ellos una amenaza. En definitiva, se han erigido en señores de la viña y les resulta inaceptable todo lo que provenga del verdadero dueño.

Finalmente, no hay que olvidar el desenlace: *¿Qué hará el dueño de la viña? Vendrá, hará perecer a los labradores y arrendará la viña a otro* (*Mc* 12, 9). La advertencia es seria: cerrarse al plan de Dios termina en desastre. Vendrán otros que responderán y gozarán de los bienes divinos. Solo Dios es indispensable, no creas que dejará de haber cielo porque tú no estés allí.

Pídele a Dios espabilar y no cerrarte a su palabra y a su voluntad para que puedas dar los frutos que Él espera de ti, y que no son otros que la santidad.

NOVENA SEMANA. MARTES

1. Cuando el César quiere lo que corresponde a Dios.
2. En la dureza de navegar contracorriente.
3. Un cristiano lleva su propio ambiente.

1. *Al César lo que es del César, y a Dios lo que es de Dios* (*Mc* 12, 17). Al menos, eso dice el evangelio de hoy. El problema es cuando al César se le antoja ser Dios y pide a los hombres que crean en Él, que le ofrezcan todo como si fuera una divinidad.

San Justino nació en Flavia Neápolis, actual Nablus, en Samaria (Tierra Santa), a comienzos del siglo II. Era de familia pagana, y se convirtió a la fe cristiana movido, sobre todo, por su amor a la verdad. Escribió diversas obras defendiendo el cristianismo de los ataques de los paganos. Abrió en Roma una escuela donde sostenía discusiones públicas. Era un creyente conocido y respetado por su gran sabiduría.

Hacia el año 165, durante el gobierno de Marco Aurelio, una orden manda que todos sacrifiquen a los dioses en obediencia al emperador. San Justino y muchos otros se niegan, de modo que son hechos presos. «Al César solo lo que es del César...», y la fe para Dios.

El prefecto Rústico pidió a Justino una explicación de su fe. El santo contestó: «Me he esforzado por conocer todas las doctrinas, y sigo las verdaderas doctrinas de los cristianos, aunque desagrade a aquellos que son presa de sus errores». Y era verdad: en su afán de verdad, Justino había pasado por todas las escuelas filosóficas de la época. Ninguna le había convencido, solo el cristianismo.

Los romanos continuaron su interrogatorio. Justino argumentaba con mucha ciencia. Rústico, el prefecto, después de conocer que era cristiano, le amenazó en términos muy violentos: «Escucha, tú que te las das de saber y conocer las verdaderas doctrinas; si después de azotado mando que te corten la cabeza, ¿crees que subirás al cielo? (…) ¿te imaginas que cuando subas al cielo recibirás una recompensa?». Y Justino, en su respuesta, no se cortó un pelo: «No me lo imagino, sino que lo sé y estoy cierto»[1].

Nosotros también estamos seguros de que Dios premiará nuestra fidelidad: que no decaiga nuestra fe por apatía, por pereza, por dejarnos llevar por el ambiente. Los cristianos de los primeros siglos no lo hicieron: el ambiente no pudo con ellos.

2. Es muy duro caminar a contracorriente. Es verdad. Hace falta una fortaleza muy grande. El ambiente está, en muchos casos, muy en contra de la fe católica y de la Iglesia… ¿pero acaso alguna vez fue de otra manera? Mira a Justino…

---

[1] Todo el martirio de san Justino en PG 6, 1366-1371.

Hoy nadie te obligará a adorar a los dioses, pero sí te pedirán que no adores a nadie en absoluto. Ser joven –ser ciudadano– y tener una postura religiosa resulta contradictorio a los oídos de muchos contemporáneos: incluso una blasfemia, como blasfema era la conducta de los cristianos que no querían adorar al emperador.

A veces nos parece que no es fácil ni respirar: las maneras de divertirse, las conversaciones, los modos de relacionarse unos con otros… digamos que todo galopa en una dirección muy ajena a la fe que tú quieres para guía de tu vida.

¿Qué te voy a decir?: ¡ánimo!, ¡que no eres el primero ni la primera! Ha habido jóvenes como tú, novios como vosotros, familias como la tuya, profesionales o jubilados… como tú. Guarda la fe de aquello que te haga daño: pon ojo en acudir a determinados lugares al salir por la noche, vigila qué cosas ves en la red o examina el tono de tus conversaciones. Es muy difícil estar a gusto en tu prado si olisqueas constantemente los campos que no son tuyos. Seguro que son mucho peores que aquellos por donde tú trotas: da igual, tu curiosidad y –perdona– tu tontería harán que seas capaz de desearlos, por sucios y feos que sean.

3. Por otra parte, no tengas miedo. Un hijo de Dios tiene que ser suficientemente brillante y luminoso como para llenar de luz y de belleza su entorno.

Un cristiano lleva su propio ambiente hasta el martirio mismo; y si no, mira lo que dice san Ambrosio del verdugo de santa Inés. Poco antes de golpear a la dulce niña, «el verdugo hizo lo posible para aterrorizarla, para atraerla con halagos, pues muchos desearon casarse con ella. Pero ella dijo: "Sería una injuria para mi Esposo esperar a ver si me gusta otro; Él me ha elegido primero, Él me tendrá. ¿A qué esperas, verdugo, para asestar el golpe? Perezca el cuerpo que puede ser amado con unos ojos a los que yo no quiero". ¡Si hubieras visto cómo temblaba el verdugo, como si él fuese el condenado!; ¡cómo temblaba su diestra al ir a dar el golpe!, ¡cómo palidecían los rostros al ver lo que le iba a suceder a la niña, mientras ella se mantenía serena! En una sola víctima tuvo lugar un doble martirio: el de la castidad y el de la fe»[2].

Igual que Inés, tú y yo. Fíjate en las razones que da: «Jesús me eligió, Él me amó primero». Lo mismo pensaba el apóstol al que Jesús amaba: *nosotros hemos conocido el amor que Dios nos tiene, y hemos creído en él. Dios es Amor y quien permanece en el amor permanece en Dios y Dios en él* (*1 Jn* 4, 16). Qué bonito vivir así: permanecer en el amor de quien nos amó primero.

---

[2] San Ambrosio, en PL 16, 189-191.

NOVENA SEMANA. MIÉRCOLES

1. En el cielo no nos casaremos... pero nos reconoceremos.

2. Este mismo cuerpo resucitará.

3. Dar sepultura a los cuerpos: una obra de misericordia.

1. Comenzaba la catequesis. Un pequeño grupo de confirmación de adultos. Total: cinco personas. Juntos repasaban íntegramente la fe; por manual, el *Catecismo de la Iglesia católica.* El tema era el artículo del credo que reza así: «creo en la resurrección de los muertos».

En el curso de la explicación, uno expuso su duda: ¿en el cielo nos reconoceremos? El catequista comenzó a responder haciendo referencia al evangelio de la Misa de hoy. En efecto, Jesús dice que en el cielo los hombres no se casarán y afirmó que en el cielo no nos reconoceremos.

Uno de los jóvenes que escuchaba la charla objetó que Jesús dice que en el cielo *no nos casaremos,* pero en ningún lugar afirma que no nos reconoceremos: antes bien todo lo contrario. Los cuerpos resucitarán y serán reconocibles por los demás. El chico, qué duda cabe, tenía toda la razón.

En el evangelio de la Misa de hoy vemos a los saduceos poniendo a Cristo contra las cuerdas. Según sabemos, ellos no creían en la resurrección; los fariseos, por el contrario, sí. Era una cuestión muy debatida entre ellos y por eso acuden al Maestro galileo. Mediante el ejemplo de la mujer casada siete veces quieren sugerirle que la resurrección de los muertos es una estupidez, porque en el cielo será un lío saber de quién es esposa.

El Señor es claro: los muertos sí resucitan y el ejemplito es bastante pueril, porque *en el cielo no se casan*. Con esto Jesús nos señala algo que era sencillo intuir: que las relaciones de los bienaventurados son diferentes. No será todo igual que aquí... y menos mal, porque con el tiempo hasta lo mejor se hace aburrido y lo gozoso, pesado.

Entonces, ¿cómo es el cielo? Buena pregunta... difícil de responder. Pregúntaselo a Cristo en tu oración. Aprovecha el silencio de tu plegaria y quizá obtengas una respuesta. Por si acaso, aquí tienes una suposición.

Yo imagino que será como una conversación eterna, encendida, con Dios y con las personas que más amamos y que reconoceremos en el cielo por la resurrección de sus cuerpos. Piensa cuántas veces has estado muy a gusto conversando con los que quieres. Hubieras estado miles de horas más. Es delicioso hablar con los que amas. De hecho, los que se quieren encuentran siempre cosas nuevas para comentar. El amor es, ciertamente, creativo.

Es bonito alimentar los deseos del cielo, y querer –¡y pedir a Dios!– que todas tus amistades lleguen contigo a ese lugar de descanso y amor.

2. Queda, al menos, una pregunta importante. ¿Cómo será ese cuerpo? Para dar una respuesta podemos partir del caso del único resucitado que conocemos: Jesucristo. La resurrección al final de los tiempos será al modo de la resurrección de Cristo y no de la de Lázaro, que fue una resurrección para la muerte. Aquella será para la vida eterna.

Como leemos en la parte final de todos los evangelios, los discípulos reconocían el cuerpo de Cristo solo cuando tenían fe. Los de Emaús caminaron con Él, y no lo reconocieron; María Magdalena, junto al sepulcro, tampoco; los apóstoles le vieron en la orilla, pero solo Juan cayó en la cuenta.

A la vez, ese cuerpo era tremendamente «real»: santo Tomás metió el dedo en los agujeros de los clavos y en su costado abierto; Jesús quiso comer varias veces delante de los once para que vieran que el suyo era un cuerpo sólido y no un fantasma.

Las características del cuerpo glorioso, por tanto, son distintas a las del cuerpo nuestro actual, pero, en todo caso, se trata «del mismo cuerpo». Por eso forma parte de la doctrina cristiana la necesidad del cuidado del cuerpo: dormir las horas necesarias, una dieta buena para la salud, hacer deporte... y, sobre todo, guardar el cuerpo de lo que más lo daña: el pecado.

Guarda, respeta y cuida lo que Dios te ha dado, comenzando por tu propio cuerpo.

3. Aún hoy se pueden visitar: son los *Scavi vaticani*. Debajo de la basílica de San Pedro, en Roma, hay un número elevadísimo de enterramientos. La basílica actual está construida encima de otra de tiempos del emperador Constantino que, a su vez, fue edificada sobre un antiguo cementerio. Si algún día tienes oportunidad de visitar esas excavaciones, probablemente escucharás al guía decir, más o menos: «toda esta zona era de enterramientos, y es posible distinguir los cristianos de los romanos porque las tumbas son más sencillas y no incineraban».

En efecto, por respeto al cuerpo que iba a resucitar, los primeros cristianos rechazaron la incineración del cuerpo. Actualmente, por diversas razones, se admite la incineración, si bien se obliga en todo caso a dar sepultura cristiana. O sea, que no se deben arrojar las cenizas en cualquier sitio por el respeto al cuerpo y a los muertos. Además, es un deber de caridad –una obra de misericordia– ir a rogar a aquellos lugares donde están enterrados nuestros antepasados.

La misma palabra «cementerio» es de origen cristiano. Los paganos llamaban a los lugares de enterramiento «necrópolis», que significa ciudad de muertos. Ahí acababa todo. Los cristianos, sin embargo, inventaron la palabra cementerio, que significa «lugar de los que duermen» para significar que la muerte es tan solo un tránsito a una vida mucho mejor.

Acabemos nuestra oración como Jesús en el evangelio: *Dios es un Dios de vivos*. Pidámosle que nos conserve siempre en gracia y, después, cuando Él quiera... nos dé la vida eterna.

NOVENA SEMANA. JUEVES

1. El mundo, antes de Cristo, era un mundo sin amor.
2. El sello de identidad de la comunidad cristiana es el amor.
3. Vivir en y para el amor.

1. Es posible, no lo voy a negar, que el juicio del historiador fuera exagerado cuando afirmaba que «el mundo, antes de Cristo, era un mundo sin amor». Lo que sí que podemos comprobar es que este mundo nuestro, cada vez más después de Cristo, cada vez más sin Cristo, se está olvidando del amor.

La cuestión del amor ha estado siempre presente en la historia de los hombres y lo continuará estando hasta el final de los tiempos. En qué consiste el amor y a quién hay que amar son dos cuestiones fundamentales que creyentes y paganos tienen que resolver.

En el evangelio de hoy es un escriba quien lo cuestiona. Lo hace al preguntar a Jesús cuál es el principal mandamiento de la ley, que es como decir a quién y cómo debemos de amar. Jesús, sospechando que puede ser una trampa, responde bien pegado a la Escritura recordando, sencillamente, lo que ya enunciaba el Antiguo Testamento: que hay que amar a Dios sobre todas las cosas y al prójimo como a uno mismo (cfr. *Mc* 12, 28-34). En otra narración evangélica, el escriba pregunta –para justificarse– quién es el prójimo, porque tampoco eso está claro. ¿Es prójimo el que me mete el dedo en el ojo cada día en la oficina o en la universidad? Pero en este evangelio no aparece sino la respuesta acogedora del escriba que, al repetir lo que ha dicho Jesús, le da la razón.

Que Jesús tenía razón lo comprendió en seguida la primera comunidad cristiana. El emperador Juliano llegó a reconocer que el secreto del cristianismo reside en su humanidad hacia los extraños y en su previsión para el entierro de los muertos. El secreto del cristianismo está, en definitiva, en su inmenso amor.

Hoy se repiten y aun superan los rasgos de inhumanidad del mundo antiguo. No es cuestión de ponerse negativo pero, en occidente, es verdad que los hombres y mujeres se casan muy raramente, cada vez son menos los que dan sepultura a los muertos, se habla mucho de la cuestión social y cada vez son más las diferencias entre ricos y pobres...

El espectáculo del ateísmo es llamada viva a la autenticidad del cristiano que se muestra propiamente en el amor. Hombres y mujeres que aman, que se ayudan, que comparten, que se compadecen. Este es nuestro objetivo: responder sensatamente con la vida al mandato del amor para escuchar nosotros también, como el escriba, que no estamos lejos del reino de Dios.

2. Cuando preguntabas a los paganos del siglo II qué era lo más propio de los cristianos respondían entre admiraciones: «¡mirad cómo se aman!». Me pregunto, y te pregunto, que dirían ahora de la comunidad cristiana que tú frecuentas. Transpórtate con la imaginación, trae tu parroquia, tu movimiento o tu entorno a la oración, pon los ojos en cada uno de ellos y reza: ¿nos amamos?, ¿verdaderamente se puede decir de nosotros «mirad cómo se aman»? ¿O, más bien, somos un conjunto atomizado de individuos que cada uno va a su bola cuando no, en el peor de los casos, se nos puede sorprender hablando mal unos de otros?

Cuando Tertuliano escuchaba estas alabanzas de los paganos apostillaba, con su habitual talante exagerado: «ellos [los paganos] se detestan». Quizá no era para tanto pero también está fuera de todo límite –por arriba– el modo en el que los cristianos entendieron el mandato del amor que hoy nos da Cristo en el evangelio. Comprendieron y desarrollaron un nuevo modo de relacionarse capaz de remover, crear y transformar la sociedad desde dentro. Florece la fe y junto a ella el hogar del mundo se llena de la fragancia de la caridad.

Porque aquello pasó y sigue pasando. Lo contaba un sacerdote párroco de una capital de provincia española. El hogar para mujeres embarazadas que tiene en la parroquia y que llevan unas religiosas no está exento de conflictos. Más de una vez ha habido que llamar a la policía porque alguna ha considerado que otra le ha robado o porque ha aparecido algún «marido» despechado deseoso de raptar a la mujer cuyo hijo no quiso abortar. Lo habitual, sin embargo, es una familiaridad extraordinaria que va más allá de la sangre y que llena el barrio de luminosidad y sentido. El hogar no solo es de las madres embarazadas: es de todo el vecindario. La caridad es el muro infranqueable del ateísmo, que solo puede imitarla con vagos destellos de solidaridad cansada.

He aquí, en la aplicación del evangelio de hoy, el tesoro del presente y del mañana de la Iglesia: la caridad. Las iglesias estarán llenas cuando relumbre el misterio del amor entre los hermanos de la comunidad, de la parroquia, del movimiento. Es momento de detenerse a rezar, a pensar, si cuando los paganos me ven a mí con mi familia, con mis amigos, con el resto de creyentes y con los pobres piensan «mirad cómo se aman». Labor de examen. Silencio: se reza.

3. La respuesta de Cristo al escriba además de ser concreta es breve. Sabemos por otras meditaciones de esta colección o sencillamente por nuestra cultura religiosa que los mandamientos en el mundo judío se habían multiplicado hasta un número elevadísimo. De ese modo era imposible vivir la ley, de modo que en muchos casos se adquiría una impostura de puro y legal, exigente con todos pero vete tú a saber si cumplidor en lo privado. Eso es lo que ordinariamente llamamos fariseísmo.

Hoy también se han multiplicado por mil los mandamientos del mundo ateo. Sentirse atraído por un mundo lejos de Dios es atarse a miles de condicionantes. Prueba de ello es que la juventud, tal como reconocen ellos mismos, es cada vez más dependiente de la opinión que los demás tienen de ellos. A través de las redes sociales estamos continuamente padeciendo la invitación a compararnos a modelos que no existen; desde pequeños somos apuntados a trescientas actividades extraescolares para alcanzar metas que no satisfacen; no es extraño sufrir horrores porque se piensa que se va a decepcionar a padres y superiores, pues el nivel de expectativa es a veces tan alto que preferimos pasar por tontos; el amor, que es de lo que va este evangelio, no pasa de un contacto puntual, intenso y bajo demanda que no satisface lo más mínimo: en el mejor de los casos, anima a repetir, repetir y repetir, a ver si así acaba por hacer feliz.

Jesús no habla de los otros seiscientos y pico mandamientos. Se queda en dos. Y la comunidad cristiana responde: nos amamos, con lo que eso implica. Será un error si nosotros nos detenemos a «lamernos las heridas» y dale vueltas, una y otra vez, a las dificultades. Tenemos el viento de la gracia, las velas de nuestra ascesis y de nuestro corazón: ¡a navegar! A perder el miedo de dar la vida por los demás.

Acojamos el mandato de Cristo y preguntémonos, en silencio, si soy de esas personas que son capaces de crear lazos de amistad, de caridad y de atención por los que más lo necesitan. Esa es la primitiva Iglesia. Esa es la verdadera Iglesia.

NOVENA SEMANA. VIERNES

1. La voz de Dios en nuestra oración.
2. La oración se inicia con un acto de recogimiento y abandono.
3. Para aprender: mostrar a Dios nuestra debilidad.

1. Las muchedumbres disfrutaban escuchando hablar a Jesús. Lo hacía muy bien: tenía autoridad, hablaba de las cosas que interesaban y lo que decía era bonito, aunque a veces severo. Quizá precisamente porque era exigente era atractivo: difícilmente los hombres y las mujeres de corazón grande se sentirán nunca atraídos por un liderazgo blando, superficial y que conduzca a la mediocridad. Jesucristo no era así. Jesucristo no *es* así.

Dios nuestro Señor quiere seguir dirigiendo su palabra a los hombres que quieran escucharlo. Dios quiere dirigir su voz a todos los hombres en el silencio de su plegaria; esa voz potente que dividió en dos el Mar Rojo, que señaló en el bautismo de Cristo que Aquel era el Hijo de Dios o que, al final de los tiempos, hará que los muertos resurjan de sus tumbas. Dios quiere seguir hablando y ser escuchado.

Como es nuestro amigo, Jesús nos cuenta sus secretos. En el evangelio de hoy, por ejemplo, interpreta la Escritura delante de los que le oyen, y les revela su identidad más honda: el Mesías –les dice– es hijo de David, pero a la vez es anterior a David. La gente lo entendió: el Mesías es *Señor* de David, por tanto, aunque es hombre, es también algo muy superior, porque vivía antes que el gran rey de Israel.

Cada vez que nosotros tratamos de «hacer nuestra oración», damos una nueva oportunidad a Dios para que nos comunique los secretos de su corazón, como hizo aquel día con los discípulos. Y, conociendo mejor el misterio de Dios, comprenderemos también el misterio que somos para nosotros mismos. Es una afirmación del Concilio Vaticano II que Juan Pablo II amaba: Cristo «en la misma revelación del misterio del Padre y de su amor, manifiesta plenamente el hombre al propio hombre y le descubre la grandeza de su vocación»[1]. Por eso, la oración es consuelo para nuestras tristezas, compañía en nuestra soledad, guía firme en nuestro camino cotidiano, paz para nuestro corazón turbado, claridad en la oscuridad de nuestros días.

2. La labor inicial de la oración es el «recogimiento» y el «abandono»[2]. Prepararse bien. Orar no es cualquier cosa y sobre todo no es una acción «puramente mental», sino que compromete todo nuestro ser y todos nuestros sentidos; en una palabra: todo nuestro corazón.

---

[1] Concilio Vaticano II, *Gaudium et spes*, 22.

[2] M. Leonardi, *Mezz'ora di orazione*, 22.

Recogerse es una labor en la que debemos gastar todo el tiempo que sea necesario. No empieces a rezar hasta que tu corazón no esté preparado, recogido. Acalla todo lo que te rodea y perturba: recuerda que lo que vas a hacer puede llegar a ser un «auténtico encuentro de amor con Jesucristo». No vayas a la oración «por cumplir» aunque debas «cumplir». Esfuérzate en ir al Sagrario, a tu oración diaria, a tu encuentro cotidiano... por amor.

Dile que tú también quieres «disfrutar escuchándole», que no quieres distraerte, sino estar pendiente de sus palabras, tener la mirada fija en sus labios. Díselo; «Jesús, así quiero que sea mi oración: viva, vibrante... un disfrute». Sé que estás ahí... lo sé. E irás a hablar con Él como van los enamorados: unas veces con muchas palabras; otras, mirando simplemente al Sagrario o al crucifijo. Aún recuerdo una novela que leí en que dos personas que se aman se encuentran después de un tiempo. La autora describe así ese momento: «Almorzaron lenta y pensativamente, con intervalos mudos entre torrentes de conversación, porque, una vez roto el hechizo, tenían mucho que decir, y también momentos en que *el decir era un simple acompañamiento de prolongados diálogos de silencio*»[3].

Tu oración será así cuando deje de ser un ejercicio puramente mental y sea, sobre todo, algo hecho con la integridad de todo tu ser, o sea, con tu mente y tu corazón, juntos en el servicio de Dios.

No solo las distracciones mentales son aquellas que apartan de una oración «disfrutona», o sea, eficaz, cari-

---

[3] E. WHARTON, *La edad de la inocencia,* 203.

ñosa y filial; lo hace sobre todo el peso de nuestra humanidad y de nuestras miserias, nuestro corazón lleno de imperfecciones y, frecuentemente, con demasiada abundancia de preocupaciones y angustias.

Pero recuerda que ese es el único corazón del que dispones. Dile a Jesús que deseas quererle con todo tú (único) corazón. Dile que quieres que tu amor por Él sea tan entrañable como el de los enamorados, tan transparente como el de los amigos, tan generoso como el de las madres...

«¡Jesús! ¡Tengo un solo corazón!: pobre, preocupado y tantas veces solo. ¡Álzame tú con una oración llena de afectos, llena de propósitos! Hazlo tú. Encárgate tú. La oración es, sobre todo, cosa Tuya, Jesús mío: te ofrezco, sencillamente, mi corazón y todo mi ser. No es mucho... pero es todo».

3. Para hacer bien oración, junto al recogimiento es necesario el «abandono». Para aprender a rezar, y estar a gusto en la oración, es fundamental abandonarnos en Él.

Debemos combatir decididamente esa tendencia de hacer de la oración una especie de monólogo, donde solo miro mis pensamientos e incluso me enredo en mis reflexiones. Eso no es orar con la cabeza y con el corazón.

¿Te pesan mucho tus pecados, sinsabores, penas, culpas, errores, en definitiva, todo aquello que en tu vida «no va»? ¿Te paraliza todo eso incluso en la oración? Aprende a mostrar a Dios tus propias lágrimas.

Siéntete pobre. Pobre y necesitado. Que tu diálogo sea entonces un «diálogo de silencio». Solo así podrás escuchar a Jesús. Nunca estás solo. Nunca. Siempre está con nosotros. Él todo, nosotros nada. Él rico, nosotros pobres. Él virtud, nosotros pecado...

La oración es, fundamentalmente, el encuentro de un pecador con Dios, lo finito con lo eterno... ¿Habrá cosa más desigual? Disfrutarás de tu oración tanto o más que aquellos que disfrutaban escuchando hablar a Cristo, cuando seas consciente de tu nada, de quién habla y de quién escucha, de tu pobreza. Piénsalo. Y convéncete.

NOVENA SEMANA. SÁBADO

1. Jesús capaz de ver las cosas pequeñas.
2. La mirada de Cristo cala en lo profundo.
3. Mirarse con la mirada de Cristo.

1. Es tarea preciosa detenerse, en la oración, a considerar la mirada de Cristo. ¿Cómo miraba Jesús? Lo hemos visto algunas veces en distintos fragmentos del evangelio, y hoy el Señor vuelve a sorprendernos. Sus ojos son capaces de ver lo más insignificante... y de mirar muy dentro de los corazones.

Mucha gente iba al templo a echar dinero en el lugar de las ofrendas. Cantidades ingentes. Iban con orgullo, llenos de vanidad, llamando la atención de los que los rodeaban. A esos los veía todo el mundo. Pero la mirada de Cristo es otra, absolutamente otra. Veía como hombre, pero también veía como Dios. Por eso fue capaz de reparar en aquella pobre viuda que se acerca y echa una miseria de dinero en aquella arca (cfr. *Lc* 21, 1-4). Mirada sensible la de Cristo, capaz de percibir lo pequeño, lo insignificante.

Cuántas veces dejamos de hacer cosas porque, total, no parecen importantes. Sí. Pensamos que nuestra vida cristiana va a estar compuesta de cosas inmensas, grandísimas, comerse el mundo, tocar el cielo con la punta de los dedos, ser un apóstol... y despreciamos tantísimas cosas pequeñas. En ellas repara Cristo, y no como un examinador, sino porque nos ama de verdad: las madres saben percibir las necesidades de sus hijos –por pequeñas que sean– sencillamente porque saben mirar. Así mira Cristo.

Piénsalo. Tus deseos, tu ilusión por ser amigo de Dios, tu vida de piedad, que tratas de cuidar. Pero háblalo con Cristo: cómo está tu cuarto de desordenado, el maletero de tu coche, los cajones de tu armario... no sea que lo primero que tengas que tomar en consideración no sean asuntos importantísimos que hablan de la conversión de toda Europa, sino, sencillamente, ese montón de cosas que desde tiempo inmemorial pasan de la mesa a tu cama y de la cama a tu mesa, porque olvidas constantemente que alguna vez podrías devolverlas a su sitio.

2. Por otra parte, la mirada de Cristo es una mirada que cala muy dentro. Aunque alguno hubiera sido capaz de ver cuánto echaba esa mujer, ninguno hubiera sabido que aquello era exactamente todo lo que la viuda tenía para vivir. Es que Jesús sabe no solo qué cosas haces, sino la intención con que las haces.

Compensa mucho amar y hacerlo en cada instante. Es apasionante si quiera pensar que es posible. ¡Querer siempre! Querer en todo momento. Cosas pequeñas hechas con amor. Como decía la madre Teresa de Calcuta: *Little things with great love*. Este es el meollo de toda nuestra vida.

Imagina por un momento que fueras capaz de vivir siempre así: salir de casa contento y acompañado de Dios; hablar con Él por la calle, ofrecerle todo, disfrutar de tus amigos, trabajar con delicadeza y prontitud, sonreír sinceramente, buscar la amabilidad de tu voz.

«Mi amigo de la facultad, Miguel Ángel Martí, sí que era un filósofo, y no dejaba de comportarse como tal en el campamento. (...) Se encontraba en una clase que, como todas, se desarrollaba al aire libre. Era a la caída de la tarde, y miraba complacido al sol, que pronto iba a hundirse en el ocaso. Su capitán, irritado, le interpeló:

—Martí, ¿por qué se ríe?

—No me río, capitán, me sonrío.

—Y ¿por qué se sonríe?

—Porque soy feliz.

—Y ¿por qué carajo es usted feliz?

—Porque calienta el sol y no me duele nada»[1].

3. Acaba tu oración con una petición: que seas capaz de mirarte con la mirada de Cristo; una mirada que habla de santidad y de perfección *en el amor*.

Es muy duro mirarse solo con los propios ojos, buscando siempre el eco de la propia eficacia. Es durísimo. Compararse con otros chicos u otras chicas, con otras familias: siempre envidia, siempre de menos, siempre falta. Si son buenos surge inquietud porque son mejores que yo; si son malos cierta envidia porque parece que lo pasan bien... y así la mirada sobre uno mismo se transforma, poco a poco, de dura en autocomplaciente, y

---

[1] A. Llano, *Olor a yerba seca. Memorias*, 279.

hace de nosotros gente caprichosa que constantemente busca pequeñas compensaciones.

Deja de mirarte. O mejor: mírate con los ojos de Cristo. ¿Quieres saber cómo es esa mirada? Pregúntaselo en tu oración. Aquí, sencillamente, te hemos dado dos pistas: se trata de una mirada que ve dentro y que ve lo pequeño.

Jesús, ¿estás contento conmigo?

DÉCIMO DOMINGO. CICLO A

1. No dejes para mañana...
2. Lo mejor de cada casa.
3. Gracias a los fariseos.

1. Israel constituía desde hacía tiempo una provincia del Imperio romano, y como tal los judíos debían de pagar los impuestos correspondientes al emperador. Aunque los romanos habían puesto un destacamento militar y autoridades propias, se habían servido también de muchos israelitas para llevar a cabo el cobro del impuesto. Este trabajo suponía una deshonra, pues el resto del pueblo los consideraba cómplices del poder «ocupacionista», vendidos al enemigo y co- explotadores de sus hermanos de raza y fe. Eran tenidos en cierto modo como traidores, y esa falta de afecto y consideración posiblemente les habría ido alejando paulatinamente de la práctica religiosa. Además, quizá algunos, o muchos, no sabemos, aprovechaban para quedarse con intereses, robando así a su propio pueblo.

Mateo era uno de aquellos hombres que se dedicaba a recaudar impuestos. Qué le habría llevado hasta ello o cómo se comportaba en el ejercicio de su trabajo, lo desconocemos; pero aquella mañana, como el resto de días, se dirigió hacia su puesto de trabajo, la mesa de los impuestos. Todo se desarrollaba con la normalidad acostumbrada, hasta que de pronto Mateo se percató de que alguien lo miraba de una manera distinta, sin miedo, sin odio, sin juzgarle, sino con un cariño inmenso; con aquella propiedad única de la mirada del Dios hombre.

Sígueme (*Mt* 9, 9) le dijo Jesús al recaudador. Y sin saber cómo ni por qué, Mateo se vio de pie al instante y siguiéndole. Dicho y hecho, *él se levantó y lo siguió* (*Mt* 9, 9). Retrasar las cosas no es nunca un buen camino. «Ya lo haré mañana o más adelante», sin considerar que quizá el mañana no llegue. Además, podría pasar que se te olvide hacerlo, y por negligencia dejes de cumplir con algo que tenías en agenda.

Esto que se puede decir de todas las cosas cuánta mayor fuerza tiene si lo referimos a la voluntad de Dios. La pereza, la apatía, la desgana paralizan siempre, por eso debemos sobreponernos a nosotros mismos.

Es deseable aprender de san Mateo a corresponder con prontitud a lo que Jesús nos pida, que muchas veces será el puro cumplimiento de nuestros deberes familiares, profesionales, sociales etc., y, sobre todo lo que provenga de la caridad. Cuántas veces nos damos cuenta de que podríamos llamar a alguien o visitarle; o tener un detalle, y respondemos fácilmente en nuestro interior: «no me apetece», «mañana».

Dale vueltas despacio a ese *se levantó y lo siguió*; ¿vamos a ser menos que san Mateo?

2. No sabemos cómo se desarrollaron los acontecimientos posteriores; el propio Mateo es escueto en la descripción, pero como ya decían los antiguos que el bien es difusivo por naturaleza.

Mateo organiza una fiesta en su casa para que todos conozcan a su nuevo Amigo y se puedan beneficiar también de su palabra. Lo que sucede es que los amigos de Mateo son particulares, arrinconado por la sociedad piadosa de Israel, su círculo ha ido estrechándose y tiene unas características distintivas: *muchos publicanos y pecadores, que habían acudido, se sentaban con Jesús y sus discípulos* (*Mt* 9, 10).

Jesús está allí encantado, mira a su alrededor y descubre a aquellas ovejas perdidas de Israel por las que Él ha venido a este mundo. Para Jesús todos son objeto de su amor, no discrimina a nadie, son las personas las que pueden no querer acoger ese amor misericordioso. ¡Qué fácil nos resulta a todos juzgar a alguien por su aspecto exterior o por su actuación en el pasado! Jesús cree en la conversión de las personas, pero ¿y nosotros?

El papa Francisco ha insistido mucho en la necesidad de ser conscientes de que hemos de ser una «Iglesia en salida», es decir, posibilitar que todos se encuentren con el amor de Dios. Nosotros no podemos sustituirles en ese encuentro, cada uno deberá responder a la acción de la gracia, pero sí podemos facilitarla y sostenerla.

Miembros de tu propia familia, amigos, compañeros de la universidad o del trabajo que quizás tuvieron una formación religiosa y abandonaron la práctica; o que nunca tuvieron fe, deben ser objeto de nuestra oración y de nuestra ilusión. ¡No debemos tirar la toalla por nadie! El poder de Dios es más grande que nuestra inteligencia, Dios lo puede todo. Pero a veces nos falta fe…

Es más cómodo estar con quien nos entiende, con quien comparte nuestras ideas o visión de la vida, pero

Jesús también nos ha pedido que le sigamos y, por eso mismo, no debemos rehuir nunca a nadie. Como decía san Josemaría, de cien nos interesan cien, porque todos son llamados por Dios a la salvación.

3. Pero los fariseos no se enteraban de nada, y lo criticaban en pequeños corros: *¿Cómo es que vuestro maestro come con publicanos y pecadores?* (*Mt* 9, 11): el falso escándalo de los falsos buenos, tan repetido a lo largo de la historia en tantos ambientes. Pero gracias a ellos conservamos unas palabras de Cristo que han servido de consuelo y ánimo para todas las generaciones de cristianos y que tienen que serlo también para nosotros: *Andad, aprended lo que significa «Misericordia quiero y no sacrificios»: que no he venido a llamar a justos sino a pecadores* (*Mt* 9, 13). ¡Todos cabemos en la Iglesia, todos tenemos un lugar en el Corazón de Jesús!

No debemos temer, no debemos desesperanzarnos; Él ha venido a por nosotros, para rescatarnos del poder del pecado. No ha venido para rodearse de los perfectos, de los impecables –que por cierto no existen, quien se lo cree padece una falta de realidad enfermiza–, sino de aquellos que se saben necesitados de Él. Este texto sería bueno que lo recordásemos antes de comenzar nuestro examen de conciencia previo a la confesión, para que la superficialidad y la vergüenza no encubran nuestras faltas y pecados.

«Gracias, Jesús, por estas palabras, oídas de tus divinos labios; ya no tengo motivo para dudar de que siempre me estarás esperando, de que no habrá circunstancia lo suficientemente mala para que Tú no me recibas con los brazos abiertos cuando yo decida volver a Ti».

DÉCIMO DOMINGO. CICLO B

1. Unas dosis de marxismo para empezar.
2. Cuidar de la unidad.
3. La confianza que da saber el final.

1. Antonio Gramsci, pensador y filósofo italiano nacido a finales del siglo XIX, que fue, sin ir más lejos, uno de los fundadores del partido comunista en aquel país, decía algo que tiene mucho que ver con el evangelio de hoy. Decía Gramsci que el marxismo llevaba décadas intentando acabar con la Iglesia sin ningún éxito. El problema para este pensador italiano radicaba en que la Iglesia, como toda familia, solo podía ser destruida desde dentro, solo podía caer si se dividía y cundía la crítica y la lucha interna entre sus miembros. Haz que los hijos se envidien y critiquen entre sí, que recelen de sus padres y hablen de ellos a escondidas, que el padre y la madre desconfíen el uno del otro y la familia estará a un paso de romperse, algo que nunca conseguirías desde fuera por más que lo intentes. Por eso –continuaba Gramsci con sus razonamientos–, a la Iglesia, no se trata tanto de atacarla, pues haciendo eso solo se logrará la cohesión de sus miembros, tal y como sucede en cualquier familia cuando hay una agresión externa; sino, más bien, favorecer y sembrar la discordia, la división, pues de ese modo se destruirá ella sola.

Aunque comenzar la meditación con unas ideas de un filósofo que se declaraba él mismo como enemigo del evangelio de entrada parece algo fuerte, sin embargo, ayuda a que nos fijemos en dos cosas que pueden ser de provecho para nuestra oración, una en la que acierta y otra en la que se equivoca. Acierta Gramsci en decir que la división en una familia es lo único que puede destruirla. Ya en el evangelio advierte Jesús que eso le pasa a cualquier reino u organización: si está dividido es que está a un paso de dejar de existir. Pero se equivoca en algo fundamental: la Iglesia no podrá ni tan siquiera destruirse ella misma por la división interna, pues Cristo ha comprometido su poder para que prevalezca hasta el final. Eso sí, como bien puedes apreciar, puede haber tensiones (y muy fuertes). Por eso nos detenemos, hacemos silencio y rezamos por esa madre nuestra que es la Iglesia.

2. Que esta última consideración, que técnicamente recibe el nombre de indefectibilidad de la Iglesia, no te lleve a infravalorar la otra. El daño que produce la división en toda familia es muy grande y, aunque en la Iglesia esté garantizada su existencia y su prevalencia sobre el mal, eso no quiere decir que no pueda sufrir en sus miembros graves consecuencias cuando la unidad no se vive con armonía.

Conviene por ello que pienses en esta unidad que es en primer lugar un don de Dios. La Iglesia es una porque Dios le da esta unidad. Es la Iglesia de Cristo, ni de Pablo, ni de Pedro –como dicen a veces los estudiosos con poco tino, por cierto–, tampoco la Iglesia de tal o cual papa, o de este o aquel santo, y menos la Iglesia progresista o conservadora. Todas esas expresiones pierden de vista que la Iglesia es ante todo el pueblo de Dios engendrado por Cristo en la cruz, un pueblo dado por Dios, sostenido por Él y enriquecido con sus dones, que camina por la historia. La unidad de la Iglesia no está en la uniformidad de sus miembros, ni en su doctrina, está en aquel que la origina: Dios. Una unidad que es don de Dios y que por tanto tiene la fisonomía de la unidad que es Dios. Por eso no es uniformidad, sino comunión, como la Trinidad es comunión de personas en profunda unidad. La unidad de la Iglesia no es nunca pensamiento único, tampoco ausencia de libertad o iniciativa, sino comunión enriquecedora de sus hijos.

Pero como todo don, el de la unidad, se confía a quien se dona. La unidad está puesta en nuestras manos, como lo estuvo antes en las de tantos discípulos de Cristo. De cómo la custodies y la vivas depende que resplandezca o que quede oscurecida por críticas y disputas. Y no pienses solo en las cosas de altos vuelos que implican al papa, a los cardenales, a los obispos, o a otras confesiones... mira en tus cosas, en tu modo de pensar, tratar y querer a tus hermanos por el bautismo que no viven exactamente como tú la fe, pero que son igualmente queridos y admitidos por nuestra madre la Iglesia.

3. Si bien no podemos olvidar los estragos que el pecado de sus miembros provoca en su misión, sí es cierto que recordar el compromiso de Cristo con la Iglesia tranquiliza mucho y ofrece una enorme confianza para encarar el futuro. No es que dé igual lo que hagas, no es que sea indiferente que seas o no santo o santa –muchas cosas buenas dependen de ello–, sino que saber con certeza que Cristo ha vencido ya y que esa salvación alcanzará a todos por medio de la Iglesia sin que nada ni nadie pueda impedirlo te quita toda la presión. Nadie hará nada en tu lugar ni podrá sustituir tu voluntad, pero saber que el triunfo del bien en términos absolutos no depende de ti sino de Él, da tranquilidad para afrontar lo que sí depende de ti: que ese triunfo se manifieste en tu vida y llegue a los que tienes más cerca por el camino sencillo y amable que Dios ha pensado al ponerte allí donde estás.

Piénsalo con calma. Porque en el mundo en que vivimos, que se caracteriza, entre otras cosas, por cargar a cada individuo con la responsabilidad de hacer un mundo mejor hasta agotarlo, saber que solo hay un Salvador y que nosotros solo bebemos de su victoria es fuente de paz y de alegría para comprometernos con lo que sí podemos hacer: dar lo mejor de nosotros a Dios y a los demás.

DÉCIMO DOMINGO. CICLO C

1. ¿Dónde estaba Dios esos días?
2. El gusto de consolar a Dios.
3. La victoria del amor: un juego misterioso
de palabra y silencio.

1. A Cristo se le remueven las entrañas al contemplar en Naín a aquella madre. Llevan a enterrar a su único hijo. El evangelista indica la hondura de su desdicha: era un muchacho, y su madre, viuda, quedaba sin ningún amparo. A cualquier lector le parece injusto, cruel, imposible.

El Señor conoce con hondura el alma de la viuda, y su corazón se entristece con ella, padece su misma suerte. Su voz se alzó entre los gritos de las gentes: *Muchacho, a ti te digo, levántate* (*Lc* 7, 14). Y el milagro se obró de inmediato. Un gran estupor invadió a los observadores que, tras unos instantes de silencio, comentaban entre sí quién sería este profeta tan poderoso.

La cálida brisa del poder misericordioso de Cristo que transparenta la particular ternura de su corazón, contrasta duramente con el silencio de Dios, que parece avalar la apostasía general de nuestros tiempos. ¿Acaso no hay inocentes que sufren hoy padecimientos indecibles, como los de aquella viuda? ¿Acaso no contemplamos injusticias tanto o más atroces que las de entonces? ¿Quién entenderá la paradoja de un Dios Amor que tolera la iniquidad?[1].

Sobrepasado por la fuerza de tales razonamientos, Benedicto XVI se expresa en tono de perplejidad después de su visita al campo de concentración de Auschwitz: «En un lugar como este se queda uno sin palabras; en el fondo solo se puede guardar un silencio de estupor, un silencio que es un grito interior dirigido a Dios: ¿Por qué, Señor, callaste? ¿Por qué toleraste todo esto?»[2].

No le bastó al pontífice poner de manifiesto la paradoja, sino que poco más adelante vuelve sobre los sentimientos que despierta en el alma humana: «¡Cuántas preguntas se nos imponen en este lugar! Siempre surge de nuevo la pregunta: ¿Dónde estaba Dios esos días? ¿Por qué permaneció callado? ¿Cómo pudo tolerar este exceso de destrucción, este triunfo del mal?»[3].

El que llama a la vida al joven de Naín es el mismo Cristo que permanece muchas veces en silencio ante nuestras desgracias. Cuando te cueste comprender su modo de actuar, habla con Él. Pide luces al Espíritu Santo para poder alcanzar tu propia respuesta a esa aparente ausencia.

---

[1] Esta meditación está inspirada en el artículo de C. Izquierdo, "Palabra (y silencio) de Dios" en: *Scripta Theologica* 41 (2009) 945-961.

[2] Benedicto XVI, *Discurso en Auschwitz-Birkenau* (28-05-2006).

[3] *Ibid.*

Si eres capaz de custodiar la quietud de tus sentidos y el sosiego de tu corazón, es muy posible que Dios – Padre, Hijo y Espíritu Santo– rompa calladamente su silencio, para responder a un problema que solo en un clima de oración puede encontrar respuesta.

2. Es solo un cuento. Durísimo, terrible, pero solo una narración inventada, aunque no del todo. Es el judío Wiesel quien lo escribe.

Algo ha merecido el castigo de los presos, que han sido citados en la plaza del *lager* para presenciar el ahorcamiento de tres prisioneros. En Auschwitz todo está perfectamente reglado: una transgresión merece un correctivo desproporcionado y ejemplar. Dos adultos y un niño de ojos tristes esperan la cruel condena. Nada hicieron, pero eso da lo mismo.

«Los tres condenados subieron a sus sillas. Los tres cuellos fueron introducidos al mismo tiempo en las sogas corredizas.

—¡Viva la libertad! –gritaron los adultos. Pero el pequeño callaba.

—¿Dónde está el buen Dios, dónde está? –preguntó alguien detrás de mí.

A una señal del jefe de campo, las tres sillas cayeron. Silencio absoluto en todo el campo. En el horizonte, el sol se ponía.

Los dos adultos ya no vivían. Su lengua colgaba hinchada, azulada. Pero la tercera soga no estaba inmóvil: el niño, muy liviano, vivía aún...

Detrás de mí oí la misma pregunta del hombre.

—¿Dónde está Dios entonces?

Y en mí sentí una voz que respondía:

—¿Dónde está? Ahí está, está colgado ahí, de esa horca...»[4].

Pide al Señor con humildad comprender siquiera un poco lo que un autor judío, escritor de un breve relato, ha acertado en señalar: que Dios no es ajeno al mundo y a su dolor. Dios mismo padece en cada adulto o en cada niño que sufre injustamente.

Por eso, en vez de reprochar a Dios por el mal presente... ¿has probado alguna vez el gusto de consolarlo?

3. Eran los novicios de toda la región de centro Europa. Hans había iniciado su camino en los jesuitas con un entusiasmo difícil de describir. No dudó por ello en abandonar sus estudios de perito industrial. Sintió, no obstante, tener que dejar a su madre, maltratada durante años por un marido alcohólico que finalmente había recibido orden de alejamiento. Se quedaba sola y con la pena aún reciente del suicidio de su hijo menor, que se había quitado la vida lanzándose de un décimo piso.

Cuando Hans hubo de contar su historia delante de sus compañeros, un austríaco joven, de apenas diecinueve años, preguntó con descaro:

«—Después de todo eso, ¿aún confías en Dios?

—Dejaré de fiarme de Dios, contestó Hans, el día en que vea que Cristo se baja de la cruz y no llega hasta el final».

Dios sufría en la viuda de Naín, sufrió lo indecible en la cruz y sufre hoy en cada uno de nuestros padecimientos, por pequeños que sean. Entonces juzgó oportuno curar, como ahora mismo, en nuestros días, son infini-

---

[4] E. WIESEL, *La noche. El alba. El día,* 69-70.

tos los milagros obrados por el Espíritu Santo en favor de la salud corporal y espiritual de los hombres. Pero, también hoy como entonces, en muchas ocasiones, Dios calla, padece la injusticia y enseña a sufrir. Porque, por encima de la salud, por encima del bienestar, por encima de todo lo que se pueda jamás pensar, está la victoria del Amor. Y esa victoria solo es posible mediante el juego misterioso del silencio y la palabra.

Más allá de esa virtud arbitraria que tantas veces requerimos de Dios como solucionador de problemas está su libertad amorosa, la única capaz de superar la ola viscosa y maldiciente del pecado. Agradécele al Señor que haya querido morir por ti en la cruz, y pídele que te enseñe a vivir amando, como hizo Él.

DÉCIMA SEMANA. LUNES

1. El corazón manso y humilde habla de sí mismo.
2. La alegría de la entrega: cortar la cuerda.
3. Los deseos santos de cambiar el mundo pasan
por el sufrimiento.

1. Las bienaventuranzas son una puerta abierta al alma de Cristo. Benedicto XVI afirma que son como una «biografía interior de Jesús». Lo que más tarde describirá el mismo Jesucristo como un corazón manso y humilde, aparece aquí perfectamente detallado. En las bienaventuranzas, el Salvador se refiere a sí mismo en su interioridad más profunda.

La raíz de todas la ellas –y, por tanto, el fundamento último de todo el obrar del Maestro– se encuentra consignada al comienzo del libro de los Salmos, cuando se afirma que es dichoso el hombre que ha puesto su confianza en el Señor (cfr. *Sal* 1, 2-3). Jeremías lo repite en términos idénticos (cfr. *Jr* 17, 7).

El mundo-mundano despliega continuamente su oferta para persuadir a los hombres de sus valores: la superficialidad, el enriquecimiento fácil y el materialismo parecen ser el horizonte inevitable del hombre y la mujer modernos.

Dios no es ajeno a esta situación. Nos ama tanto, ha amado tanto al mundo, que ha enviado a su Hijo para que se encarne y obre la conversión de nuestras almas (cfr. *Jn* 3, 16). Mediante toda su vida y muy particularmente a través de las bienaventuranzas, Cristo nos anuncia de un modo nuevo la transmutación total de los valores. Otros lo han intentado, pero solo la vida de Cristo, con el pasar de los años, permanece como una enseñanza siempre *nueva*, como un desafío al limitado horizonte que propone la sociedad presente.

Es un cambio radical, que da la vuelta a todo del todo. Lo que los hombres mundanos entienden como éxito, para el cristiano no pasa de mediocridad. La riqueza, la salud, el placer, son poca cosa para un pequeño y reducido –pero insistente– grupo de creyentes. Saben que el sosiego del alma se encuentra en otro lugar, muy distinto de la satisfacción o del exceso de cosas.

Ahora bien, antes de pasar al siguiente punto de meditación, conviene que nos preguntemos qué ventaja o qué hay de bueno en cada una de las sentencias del Sermón de la montaña. ¿Quién se considerará bendecido por ser perseguido, hambriento, con sed o pobre? ¿Por qué es bienaventurado? ¿Quién lo puede entender?

2. Uno de los primeros en comprender la verdad de las bienaventuranzas y en realizarla en su propia vida fue san Pablo. Llegaron a ser la expresión de su existencia y la consecuencia de su vida de apóstol. Así se lo dice a los de Corinto, cuando afirma: *somos los impostores que dicen la verdad, los desconocidos conocidos de sobra, los moribundos que están bien vivos, los sentenciados nunca* *ajusticiados, los afligidos siempre alegres, los pobres que enriquecen a muchos, los necesitados que todo lo poseen* (*2 Co* 6, 8-10).

Lo que Jesús había anunciado en el evangelio se convierte ahora en experiencia viva del apóstol. Pablo se sabe el último, el denostado, el que vive como un condenado a muerte que nada tiene pero que a todos da. Experimenta la alegría sin límites que es propia de quien se ha entregado al amor de Dios y vive identificado con Jesucristo.

Pero no es fácil vivir así. Quizá sea tan solo una historia inventada, pero es ilustrativa. Cuentan de un escalador que, mediada la noche y después de mucho progresar en una subida nada fácil, cayó al vacío. Solo la luz de una luna, cubierta ahora por densos nubarrones, le había guiado en su ascenso. Ese era el riesgo. Ese era el placer.

La cuerda de seguridad lo salvó de un golpe mortal. El escalador quedó pendiendo de la maroma, tensa y bien segura, amarrada al clavo que perforaba la dura roca. Oscuridad total en una fría noche de invierno. Notó dolor mientras comprobaba no sin desazón que la clavícula estaba partida por más de un sitio.

Sin poder escalar ni tampoco vislumbrar solución alguna, decidió esperar. Pero hacía frío y se estaba quedando helado. Escuchó una voz: «¡corta la cuerda!». Una voz insistente. ¡Era una locura!, sería como rematar el golpe. Y persistió en su idea de esperar la luz del sol que, no en poco, comenzaría a remontar el oriente.

El equipo de rescate lo encontró a la mañana siguiente, muerto de frío, colgando de una cuerda, a escasamente ochenta centímetros del suelo.

Para vivir las bienaventuranzas –o sea, la alegría de confiar en Dios absolutamente y de servir a los demás– es necesario «cortar la cuerda». Hay un punto de locura en todo esto. Mira la vida de Cristo. Mira ahora la tuya propia y piensa si no es acaso ese punto de cordura (carnal) el que, en definitiva, enfría tu alma. ¿Qué necesitas cortar, para vivir una entrega más verdadera?

3. Pero volvamos a nuestra pregunta inicial. ¿Qué hay de bueno en llorar o en sufrir? ¿Qué hay de bueno en las bienaventuranzas?

En primer lugar, tienen de bueno la autenticidad. La pobreza que expresa cada una de estas sentencias nos permite vivir de un modo realmente «humano», sin caretas que disimulen nuestros fallos o nuestras limitaciones. Quien se sabe pobre confía en Dios y no tiene la osadía de ocupar su divino puesto. ¿De dónde brota, si no, la tristeza de nuestros tiempos? ¿No será fruto de vivir en un teatro permanente, en una ilusión continua, en una especie de síndrome de *Peter Pan*? Quien no vive las bienaventuranzas, difícilmente aceptará su condición de hombre, de criatura limitada, necesitada, falible. Así somos.

En segundo lugar, a quienes procuran amoldar su vida a la enseñanza de Cristo les espera la victoria final. Es difícil entender esta vida sin referirnos al consuelo que está por venir. No es pequeña la promesa del Señor para los que le son fieles, no debemos olvidarlo. En definitiva, se trata de alimentar nuestros deseos de cielo, de volver a Él continuamente en nuestra oración. Para todo cristiano, es una perspectiva que ilumina la jornada entera.

Sin embargo, no somos bienaventurados solo por lo que ha de venir, sino también por el hecho mismo de sufrir por amor. Padecer por otro es una de las expresiones más elevadas del obrar humano. Quien actúa de este modo, tinta de color un mundo que, monocromado por el pecado y sus consecuencias, es gris y apagado. Sí: ¡merece la pena ser fieles al amor para que el mundo cambie!, ¡para llenarlo de color! Un justo que sufre aporta un bien que ni siquiera todo el mal del mundo podrá borrar. San Juan Pablo II nos lo recordó en uno de sus últimos libros, retomando una cita de san Pablo: *No te dejes vencer por el mal, sino vence al mal con el bien* (*Rm* 12, 21).

Si tienes, por tanto, deseos santos de cambiar el mundo, nunca nadie encontró el modo de llevarlo a cabo por un camino ajeno al sufrimiento. Ese es el camino de las bienaventuranzas.

DÉCIMA SEMANA. MARTES

1. Una razón para creer: la fe de los creyentes.
2. El deseo de ser una luz maravillosa y una sal sabrosísima.
3. El peligro macilento y viscoso de la tibieza.

1. Acusación típica pero no por ello falsa: los católicos mucho decir y poco hacer. Es una crítica fundada en una percepción de que los creyentes condenan el modo de actuar de los demás, pero ellos mismos son los primeros que caen en todas las cosas que reprueban. En definitiva, es la queja por la falta de autenticidad de los que deberían ser apóstoles y modelos; o sea, tú y yo.

Aunque puede ser cierto que en una tal acusación haya un fuerte componente de demagogia, no conviene hacer oídos sordos. La conducta escandalosa de los cristianos es, indudablemente, una de las causas del ateísmo contemporáneo.

Dicho en términos evangélicos: *si la sal se vuelve sosa, ¿con qué la salarán? No sirve más que para tirarla fuera y que la pise la gente* (*Mt* 5, 13). Cuando los católicos se vuelven insulsos, cuando los creyentes dejan de iluminar con su vida y se oscurecen en su conducta el mundo pierde sabor, nuestro entorno permanece a oscuras. Jesús es aún más exigente que la acusación de la que veníamos hablando porque Cristo va más allá: un creyente que no vibra, que no ilumina, que no da sabor, no sirve para absolutamente nada.

Es una frase dura: no servir para nada más que para tirarte al suelo y que te pisen. Esto es lo que dice Cristo a propósito de la fe, la entrega y el entusiasmo apostólico. Luz que no se ve; sal que no sala; cosas, en definitiva, que de nada sirven. Te sugiero que te preguntes ahora, en silencio, si acaso no serás tú un poquito así.

2. Es momento de pedirle a Dios que renueve en nosotros el deseo de ser santos; una luz maravillosa, una sal sabrosísima.

Un deseo de santidad que pasa por la pregunta sobre qué espera Dios de mí, porque se trata sobre todo de agradar al que nos ha amado. Es un privilegio muy grande que Cristo nos considere sal de la tierra y luz del mundo. Tratemos de corresponder a esa altísima confianza que la divina providencia ha puesto en nosotros.

Muchos no le conocen casi nada, otros en absoluto y a nosotros nos sorprende el don altísimo con que Dios ha entrado en nuestra vida por el bautismo, por la gracia de Dios, por su pura misericordia. Conocemos a Dios y Dios nos conoce, ¿cómo no agradarle con todo el deseo de nuestro corazón?

Por eso, detenerse siquiera un rato a considerarlo es casi obligación; y preguntarle al Señor con sinceridad es un lujo que está muy lejos de ser una pérdida de tiempo: Jesús, que me has dado tanto, ¿qué quieres de mí?

3. Cuando la santidad no está en el horizonte de nuestra vida emerge en medio de nuestra jornada ese peligro macilento y viscoso que todo lo entenebrece y que tanto daño hace llamado «tibieza». Al disminuir nuestros deseos de corresponder, y no buscar la santidad con todas nuestras fuerzas, crece dentro de nosotros un sentirse como ni frío ni caliente, hasta el punto de que nuestra vida se torna ligeramente aburrida y, en cualquier caso, poco tierna para con Dios: máquinas de trabajar, escasitos en el amor.

Sabemos que esto comienza a sucedernos cuando nuestros deseos de ser fieles hasta el final se ven oscurecidos por el peso del día a día, por la carga de tantos fracasos y de la rutina misma; cuando dejamos de pensar qué es lo que Dios espera de nosotros hoy y comenzamos a buscarnos a nosotros mismos; cuando nos cansamos de quitar lo que aparta del buen camino y nuestros exámenes de conciencia se vuelven breves, inútiles, teatrales, poco verdaderos; cuando comenzamos a considerar, en definitiva, que es imposible parecerse a Jesús, amarlo sobre todas las cosas y ser una luz bien bonita y una sal bien preciosa en medio del mundo. Como si bastara con ser buenos y encima eso, a la postre, resulta aburrido. Cuando algo de esto ocurre, ojo, asoma la tibieza.

Recuerda que la tibieza no es fruto de grandes pecados sino de pequeños abandonos. La santidad tampoco es consecuencia de una entrega puntual, sino de continuos actos de amor. Un día, y otro, y otro... y así hasta el final.

El problema surge cuando se deja de luchar. Parece muy oportuno pedirle hoy a Dios, pues sabemos que está muy cerca y es todopoderoso, que nos conceda estar muy atentos a las señales de nuestra vida cotidiana que marcan, mucho más claramente de lo que imaginamos, cansancio o falta de lucha.

Danos, Jesús, luces para conocernos, y para saber descubrir prontamente dónde y en qué cosas se está apagando mi deseo de bien.

Vosotros sois la sal de la tierra (...). Vosotros sois la luz del mundo (...). Brille así vuestra luz ante los hombres, para que vean vuestras buenas obras y den gloria a vuestro Padre que está en los cielos (*Mt* 5, 13.14-15).

DÉCIMA SEMANA. MIÉRCOLES

1. Perfeccionismo, virtud y santidad.
2. La santidad la obra Dios en nosotros.
3. La alegría: el idioma de la santidad.

1. La diferencia entre la santidad y la sola virtud es que la santidad remite a otro. Cuando se ve a un santo, la inmediata pregunta es la siguiente: ¿de dónde saca toda esa fuerza? Pasaba con Juan Pablo II; también con la Madre Teresa; ha pasado con todos los santos. Un hombre, por así decir, perfecto, quizá motive en nosotros una admiración por su meticulosidad o por el modo maravilloso en que hace las cosas, pero no nos cuestiona de la misma manera. Aplaudiremos su virtud. Y poco más.

Existen, al menos, tres niveles por los cuales encontramos personas que tienen deseos de hacer las cosas bien:

El primer nivel –ciertamente agotador y no poco desesperante– es el «perfeccionismo». Ser perfeccionista es una carrera tremendamente ardua. Mucho. Sin llegar a límites obsesivos –hablamos de un nivel de andar por casa–, todo perfeccionista sabe lo mucho que se sufre, porque cualquier cosa fuera de orden hace pasarlo bastante mal. Es una lucha continua, naturaleza pura, dejarse las fuerzas, batallar hasta el final. Generalmente el perfeccionista es capaz de encontrar problemas donde no existen, fruto de su excesivo deseo de orden, que le lleva a desmesurar aquellos defectos que, por otra parte, son bastante normales en el prójimo. Una silla mal colocada, un defecto en la mesa antes de comer, un aparcamiento imperfecto, un retraso del metro o del autobús... pueden llegar a ser un auténtico drama. Como comprenderás, esto no es la santidad.

El segundo nivel es el que llamábamos de «sola virtud». Personas muy buenas, estupendas, que hacen el bien. Admirables. Virtuosas. Llenas de encanto. Fuertes.

Pero falta un punto: el punto que distingue al «santo del virtuoso». Evidentemente, el santo también está lleno de virtudes, pero quizás brilla aún más por su contrición, por la rapidez al pedir perdón, por su sentimiento de inutilidad y su esfuerzo continuo siempre sonriente, por su inmenso amor a los demás.

¿De dónde saca tanto amor? ¿Cómo pudo generarse un corazón así? De esta índole son las inquietudes producidas por las almas santas.

2. El Señor habla de la necesidad de cumplir la última letra o tilde de la ley (cfr. *Mt* 5, 18). Como comprenderás, en ningún caso Cristo nos pide que seamos «perfeccionistas» en el sentido anteriormente expuesto, meticulosos y milimétricos en el más minúsculo quehacer. Para nada.

Ni siquiera Cristo nos está pidiendo estar llenísimos de virtudes, como si fuéramos de otro planeta. No sé: en el deporte, por ejemplo, cracks hay muy poquitos y realmente son excepcionales; el resto son normalitos, esforzados, miembros de un equipo y llegarán también a ser campeones si juegan bien. Quiero decir que Cristo no nos pide ser los mejores en todo: ciertamente habrá algunos y con dificultad seremos nosotros.

El Señor nos necesita para prolongar su amor en el mundo; y para ello nos quiere santos: capaces de disculpar siempre, de amar siempre, de perseverar hasta el final. Todo eso es obra suya; por eso desea que seamos dóciles a su amor y que queramos cumplir hasta el precepto menos importante con ánimo de agradarle.

Para el amor no hay cosa pequeña. Los que se quieren lo saben bien: un pequeño descuido puede significar una gran decepción en los amantes porque, como decíamos, para el amor todo es importante.

Por eso el hecho de luchar en lo que nos separa mínimamente de Dios ni es perfeccionismo, ni es ser los mejores. Piensa si acaso no te escudas en los años o en el carácter o en las circunstancias para dejar de cumplir «pequeños preceptos» diciendo que tú eres así, que hablas así, que te expresas así, que no das más de ti.

No es difícil. Si eres así: cambia. Puedes, con la ayuda de Dios.

3. El doctor en medicina estaba sentado en un restaurante típico del país que visitaba como turista. El camarero no paraba: entraba, salía, hablaba con unos y con otros dando una impresión de grandísima paz y alegría. Urgido por la actividad y la sonrisa de aquel hombre, el médico no pudo por menos de preguntar. Eran idiomas distintos pero la respuesta fue tan diáfana que se hizo muy clara para el cliente: siempre estoy contento porque estoy en gracia de Dios.

La santidad es necesariamente alegre; consiste en disfrutar de la gracia de Dios que habita en el alma limpia, siempre presente si no es expulsada por el pecado mortal deliberado. Nunca cumplir todo hasta el final debió ser una noticia triste. Lo será para los perfeccionistas que no consiguen descubrir la gracia de Dios. No obstante, para aquellos que conocen la misericordia y la ayuda de Dios es un encargo que el Señor bien puede hacernos, porque será Él mismo quien lo lleve adelante.

Este es mi consejo. Confía más en Dios. Díselo. «Señor, confío en ti».

DÉCIMA SEMANA. JUEVES

1. ¿Cómo entras a rezar? ¿Cómo te gustaría salir?
2. Ser mejores que los escribas y los fariseos.
3. Memoria de pez.

1. Cada vez que, como ahora, nos retiramos en silencio a rezar, se nos brinda una oportunidad para encontrarnos con Dios y conocernos un poco mejor. Cada rato de oración puede significar un nuevo descubrimiento: de tus cosas, de las suyas. Pecados escondidos, virtudes desconocidas, futuro esperanzador, reconciliación con el pasado.

Rezar, especialmente si es junto al sagrario, significa ponerse bajo la sombra de Cristo presente en el tabernáculo y esperar que pase junto a nosotros, como el ciego junto al camino. Cuando rezamos estamos muy cerca de Dios sobre todo si lo hacemos sinceramente, reconociendo quién es Él –su grandeza– y quien nosotros –nuestra pequeñez–.

Por eso, al inicio de este diálogo sobrenatural, te invito a que trates de ordenar todas tus inquietudes, lo que te agobia, lo que te entristece, los proyectos que tienes entre manos. No se trata de callarlos, sino de compartirlos con el Señor. Dile que sientes todo eso y mucho más. Podrías ciertamente comenzar tu oración de hoy tratando de responder con el Señor a dos cuestiones muy sencillas.

¿Con qué estado de ánimo vengo a visitar a Jesucristo? ¿Estás contento y sereno, o acaso triste y deprimido? ¿Gozas de buena salud, tus relaciones son sanas, tu situación personal positiva? ¿O acaso más bien pasas por un momento difícil, en el estudio, en el trabajo, en la familia, con tus amigas, con tus amigos? ¿Tienes alguna herida abierta, un pecado del pasado, una situación dificultosa? Es bueno que lo hables con el Señor, y le digas cómo te sientes.

Por otro lado, piensa cómo te gustaría salir de este encuentro personal tuyo con Jesucristo. A lo mejor deseas que se solucionen tus problemas personales o económicos, o querrías pedirle algo para aquellos que más quieres, o tener más espíritu sobrenatural que te permita ser una persona capaz de perdonar, de aceptar tu debilidad, paciente, entusiasmado... ¡más de Dios!

Háblalo cara a cara con el Señor que está presente, y se te acerca verdaderamente para preguntarte... «hoy, justamente hoy, ¿qué quieres, qué deseas?».

2. En el evangelio de la Misa, Jesús nos ha dado un consejo y haríamos muy bien en identificar nuestro deseo con su mandato. Cristo nos exhorta a ser mejores que los escribas y los fariseos (cfr. *Mt* 5, 20); de otro modo no entraremos en el reino de los cielos. Es una recomendación fuerte que el Señor anuncia con toda su autoridad.

Nuestro Señor Jesucristo siempre hila muy fino, pero muy especialmente cuando se trata de hablar de la caridad. Nos manda llevar la caridad hasta el extremo y por eso merece un juicio enérgico no solo el que mata a su hermano sino también el que lo insulta, hasta el punto que Jesús llega a decir que quien llama a su hermano *renegado* merece la condena del fuego. Parece una cosa desproporcionada: un pequeño insulto, una condena enorme. ¿Por qué?

Nuestro trato de caridad con los demás condiciona, y mucho, nuestra relación con Dios. No te extrañe que tu oración sea difícil, que sientas lejano a Dios, que no tengas ningún gusto por lo sobrenatural, que todo lo relativo a las cosas eternas te cueste infinito, si tienes pequeñas rencillas con tus amigos, enemistades con compañeros o dificultades de convivencia. Jesús es muy claro: si vas al altar y estás enfrentado con tu hermano, mejor será que vayas a reconciliarte con él antes de seguir con tu oración.

Nos encontramos de nuevo a Cristo hablando directamente al corazón de los hombres; al tuyo y al mío. Evidentemente no es lo mismo asesinar a una persona que llamarla imbécil, pero Jesús quiere ir a la raíz misma del mal que se encuentra en lo más íntimo del alma. Quiere para nosotros, en definitiva, un corazón nuevo.

Nuestro Señor desea ayudarnos con su gracia para que seamos personas incapaces para la enemistad, siempre dispuestos a disculpar y vivir la caridad. Pídeselo: «me gustaría salir de este rato de oración con un corazón siempre dispuesto para vivir la caridad y el perdón».

3. No es fácil. A veces, llevados por la ira o por el cansancio, reaccionamos mal ante las cosas, no obedecemos a nuestros padres, insultamos a los demás, criticamos, somos mordaces, decimos mentiras. No querríamos hacerlo, pero nos sale, porque el diablo ha sembrado en nosotros una mala semilla que, en ocasiones, nos lleva por caminos que no deseáramos.

En otras ocasiones pasa lo contrario: somos nosotros los insultados y ofendidos injustamente y nos duele, especialmente si viene de algún amigo. Es muy difícil no reaccionar mal ante la afrenta de los demás.

Dicen que los peces tienen una memoria no superior a dos segundos. Tan solo eso, dos segundos, de modo que cuando están sumergidos en su pecera, no es difícil imaginarlos entusiasmados dando vueltas mirándolo todo, felices, al descubrir constantemente que su dueño ha puesto una plantita nueva, unas piedras muy bonitas para refugiarse, otros peces de colores. En realidad, son las mismas cosas de siempre, pero como él no es capaz de acordarse de que eso ya estaba ahí todo le parece nuevo.

Pídele a Dios memoria de pez para los agravios, para las afrentas, para los insultos. Pídeselo al Señor: que te conceda una incapacidad absoluta para recordar lo malo que hicieron contra ti o que tú mismo hiciste.

Una vez que se ha pedido perdón... como máximo, dos segundos de rencor. Después, olvidarlo para siempre, y luchar por vivir con delicadeza, y siempre, la caridad.

DÉCIMA SEMANA. VIERNES

1. El mandato imperativo de la pureza.
2. Guardar el corazón para ser libres.
3. Hacer la vida un elogio a la pureza.

1. El radicalismo con que el Señor expone en el evangelio de hoy la custodia de la pureza es para nosotros un mandato imperativo sobre el que hemos de meditar. Llega a afirmar que el hombre recto debería arrancarse un ojo o cortarse una mano antes de ofender al Señor (cfr. *Mt* 5, 29-30).

No hay que olvidar que el demonio conoce muy bien las debilidades humanas. Desde que quedamos heridos por el pecado, resulta muy sencillo tentarnos en cuestiones de pureza. Es como si se hubieran derramado kilos de pólvora a nuestro alrededor: basta encender una chispa. Así está la sociedad y así está también el alma que vive en medio de una sociedad tan profundamente hedonista. ¿Cómo vivir entonces esta virtud, cuya importancia es subrayada por el Señor en términos tan dramáticos? Te sugiero dos puntos para que los consideres en tu oración personal.

Primero, para vivir la pureza hay que huir de la superficialidad. La persona poco profunda tiende a fijarse en todo, y el medio perfecto por el que se presenta la tentación es ese malsano fisgoneo. ¿Te acuerdas del rey David? Se levantó a media mañana, perezoso, y comenzó a cotillear desde su terraza. La cosa acabó mal. Así pues, bucear sin sentido por el océano de la red, desparramar los sentidos en las calles o viendo la televisión son modos sencillos –pero seguros– para hacer de la pureza algo imposible de vivir.

Quizá tú mismo tienes experiencia: por tonta curiosidad se entra en una caverna de suelos resbaladizos cuya pendiente no tiene fin. Se comienza viendo una cosa –«¿a ver quién es este?»–, luego otra y otra más y si no se tiene la valentía de ser sinceros y cortar cuanto antes, por mucho que se vea o experimente, nada será suficiente. Esta es la paradoja de la impureza: se presenta como libertad y al final esclaviza. Y al revés, el limpio de corazón vive en la satisfacción del que sabe querer.

En segundo lugar, vivir la pureza exige tener muy en cuenta que somos de barro, de carne. Y eso significa que hemos de luchar para vivirla. Me explico. Tener el cuerpo entrenado, a tono, es decisivo para que pueda responder a la voluntad en cada una de las batallas. Satanás ha conseguido persuadir a una sociedad (casi) entera de un dogma muy nocivo: al cuerpo no hay que negarle nada, absolutamente nada. Quienes lo aceptan, viven entonces de caprichos, se hacen esclavos de la molicie y de la pereza, manejando el entorno para satisfacer los propios gustos. Haz examen. Si estos elementos describen el tono de tu vida ¿cómo esperas no desear a una mujer en tu corazón?, ¿cómo esperas dominar los impulsos de la carne para poder amar de verdad a Dios y a tu familia?

2. Hay otro enemigo de la pureza que ataca principalmente a las almas buenas. Mientras la superficialidad y la potencia del instinto hacen referencia a la castidad en cuanto tal, este tercer aspecto guarda relación también con la fidelidad del que desea amar, y es necesario por eso mismo prestarle delicada atención.

Existe un proyecto de amor que cada hombre y cada mujer deben realizar. En el evangelio de hoy, aunque sea en términos negativos, se formula una posibilidad para satisfacer este deseo grande de amor: el matrimonio, que es una promesa de amor hecha realidad y que, como tal, debe durar toda la vida. No es este el único camino: el celibato apostólico, el sacerdocio o la vida consagrada son también otras vías para el amor.

En todo caso, el modo en que se lleva a cabo este proyecto se realiza mediante la entrega del corazón entero. En él está la sede de nuestros sentimientos más profundos, de nuestros afectos más íntimos. Por eso, si llevamos el corazón en la mano, comunicando a todo el mundo lo que nos pasa y mendigando cariño del primero que se cruza en nuestra vida, no debe extrañarnos que la fidelidad se haga insufrible y la pureza insoportable. El sosiego y la serenidad desaparecen. El centro del alma se convierte en un torrente de impresiones y sensaciones, sacudido de continuo por la opinión de unos, los gestos de afecto de otros y la complicidad de un tercero.

Cuando se vive tal desequilibrio afectivo se busca continuamente el consuelo de otros corazones que den satisfacción a mi aparente soledad. Es cuestión de tiempo que todo se líe, la pasión se encienda y los compromisos se acaben.

¿Y sabes qué es lo peor? Que ese consuelo ni siquiera colma tu corazón. Quizá rompes un amor... para encontrarte de nuevo roto en cuestión de pocos meses. Puedes comenzar una carrera en busca de consuelo yendo de una persona a otra, o puedes concentrar tu amor en la persona a quien se lo has dado ya. Volver a encontrarlo, volver a encenderlo. Nunca es demasiado tarde. Nunca.

La pureza –y con ella el matrimonio o cualquier vida que quiera ser un proyecto de amor– es perfectamente posible cuando existen hombres y mujeres que saben no estar pendientes de sí mismos y custodian los más íntimo para enseñarlo, solamente, a las personas que más quieren.

3. En definitiva, el mejor modo de ser puros es tener en mucho el gran tesoro que Dios ha depositado en nosotros: la capacidad de amar y la gracia de Dios en el alma. ¿Hay algo que valga más que esto? ¡En absoluto! Por eso, el amor de Dios debe ser custodiado a coste de la vida entera. Sin duda. Cueste lo que cueste.

Como Cristo nos sugiere en el evangelio, no seamos pusilánimes en la guarda de la vista. Huyamos de lo zafio en la televisión o en el cine, en internet. Queremos ser limpios para que nada ni nadie controle ni limite nuestros deseos de libertad. Queremos volar alto y amar mucho; sentirnos fuertemente atraídos por el amor a Dios y a la vida misma, limpiamente vivida.

Hagamos con nuestra vida, por tanto, un elogio a la pureza. Porque lo merece. Porque es justo y hermoso. Porque colma el alma. La conducta del hombre limpio y la mujer pura está muy lejos de ser apocada o disminuida. Al contrario, es sutilmente atractiva y no sucumbe al engaño de una existencia desgraciada que mendiga compensaciones: placer de un minuto, amargura de meses.

Vale la pena ser hombres y mujeres de una pieza. Es bonito y nos hace llegar muy lejos. Nos convierte en apasionados amantes de lo bueno e insobornables detractores de lo malo. Es bueno ser limpio porque, en definitiva, hace muy feliz.

DÉCIMA SEMANA. SÁBADO

1. La condena de un uso superficial del nombre de Dios.
2. La mentira no encuentra su hogar en nuestros labios.
3. Lo que no pudo la ira lo pudo la fuerza de la palabra.

1. En el Sermón de la montaña, Jesús indicó, tal como escuchamos en el evangelio de hoy, que no hay que jurar *en absoluto* (cfr. *Mt* 5, 33ss.). Sin embargo, la ley advertía de la necesidad de no jurar *en falso*, con lo que admitía de modo implícito la posibilidad de jurar en ciertas ocasiones.

El *Catecismo de la Iglesia católica* se plantea esta misma disyuntiva: ¿se puede jurar, o más bien hay que evitarlo en cualquier caso? ¿Cuál es la sabiduría que se compromete en las palabras de Jesús? Y responde: «Jesús enseña que todo juramento implica una referencia a Dios y que la presencia de Dios y de su verdad debe ser honrada en toda palabra. La discreción del recurso a Dios al hablar va unida a la atención respetuosa a su presencia, reconocida o menospreciada en cada una de nuestras afirmaciones»[1].

---

[1] CEC, 2153.

En efecto, la enseñanza de Cristo hace referencia no solo al juramento, sino al nombre de Dios en general, que debe ser respetado y cuya presencia debe abarcar todo momento de la vida del creyente. El *Catecismo* sostiene que la tradición de la Iglesia, siguiendo a san Pablo (cfr. *2 Co* 1, 23; *Ga* 1, 20), «ha comprendido las palabras de Jesús en el sentido de que no se oponen al juramento cuando este se hace por una causa grave y justa (por ejemplo, ante el tribunal)»[2].

En presencia del Señor se estremece la tierra, reza el Salmo 113. Un poco antes, el salmista canta la potencia de Dios: ¿Qué te pasa, mar que huyes, y a ti, Jordán, que te echas atrás? ¿Y a vosotros, montes, que saltáis como corderos; colinas que saltáis como corderos? Se refiere a los momentos de la historia de la salvación en que la presencia de Dios se ha mostrado más patente, haciendo temblar a la creación entera: el mar se dividió en dos al paso del pueblo de Israel cuando huía de los egipcios; el Jordán se paró cuando los portadores del arca de la alianza –signo de la presencia de Dios– tocaron sus aguas.

No es el juramento lo que condena Jesús sino un uso falso o superficial de Dios y de su omnipotencia. En realidad, el evangelio de hoy es para nosotros, tal como señala el *Catecismo*, una llamada a tener a Dios más presente y hacerle partícipe de nuestras alegrías y tristezas.

2. La costumbre de jurar en vano es muy antigua. Hace más de mil quinientos años, san Agustín advertía a sus

---

[2] CEC, 2154.

fieles de la falta de ocasión, y aun de la maldad, de jurar sin necesidad:

«Yo sé que os será difícil no jurar, porque ya estáis habituados a ello; mas a mí también me era difícil por la misma razón. Y por medio del temor de Dios he alejado de mis labios el juramento. Vedme aquí, yo vivo en medio de vosotros, ¿quién de vosotros me ha oído un juramento? Y, sin embargo, antes fue mi costumbre de todos los días. Pero tan pronto como leyendo la Sagrada Escritura fui penetrado del santo temor de Dios, combatí mi mala costumbre, invocando a Dios en mi socorro, y Dios me concedió el auxilio de su gracia, para abandonar la costumbre de jurar, y ahora nada me es más fácil que el no jurar. Esta exhortación os hago, queridos hermanos en Cristo, para que no digáis: ¿quién puede dejar la costumbre? ¡Oh! Si se teme a Dios, si se aborrece el perjurio, si se pone un freno a la lengua, si se ama sinceramente la verdad, el juramento desaparece de por sí»[3].

Junto a la eventual necesidad del juramento en ocasión grave es igualmente cierto que, de ordinario y casi siempre, basta con decir «sí» o «no», tal como propone Jesús.

Por eso mismo, se debe interpretar como una ofensa que alguien obligue a otro a prestar juramento en algo irrelevante: «¿me lo juras?». Es como dudar de la honorabilidad del que habla; como suponer que, a causa de su continua mentira, ahora debe sustentar su juicio sobre alguien mayor.

---

[3] S. Agustín, *Sermón* 307, 4, 5.

Por tanto, nuestro «sí» será verdaderamente un «sí» en la medida en que nuestra palabra sea siempre verdadera y la mentira no ponga nunca su hogar en nuestros labios.

3. Respecto a la vinculación de los juramentos, debemos tener muy en cuenta la fuerza de la palabra dada y no jugar jamás, siquiera con la sospecha, de contradecirlo.

San Juan Crisóstomo, durante la cuaresma del año 387, predicó en Antioquía una serie de homilías conocidas como *homilías acerca de las estatuas*[4]. En casi todas ellas habló de los juramentos, y en algunas con gran extensión. En la número XIV, por ejemplo, exhorta a los fieles a tomar muy en serio la fuerza del juramento. Para ello no duda en emplear palabras muy duras.

Recuerda la muerte de Juan el Bautista. Fue asesinado por el rey Herodes merced a un baile lascivo, que gustó al jerarca y le hizo jurar lo que nunca debería haber prometido. Por el peso de su palabra y por temor a quedar mal entre los invitados, hubo de cumplir su juramento.

Comentando este hecho el Crisóstomo exhorta a sus oyentes –que hoy somos tú y yo– a que tomen consigo la cabeza de Juan el Bautista, separada de su cuerpo, aún chorreando sangre, y «al iros a vuestras casas, os imaginéis verla delante de vuestros ojos, y que os dice estas palabras: *aborreced a mi verdugo el juramento*. Lo que no hizo la represión, lo hizo el juramento; lo que no pudo el furor del tirano lo llevó a cabo la necesidad del

---

[4] Para esto y las citas que siguen, cfr. R. J. De Muñana, *Verdad y vida. Colección de hechos y dichos catequísticos*, t. II, 192-194.

juramento». Es cierto: nunca Herodes se atrevió a poner una mano encima de Juan. Pero más potente que su ira, más que su rencor, más que su odio fue su palabra comprometida en juramento.

«Pues bien», concluye Crisóstomo, «os pido ahora y no cesaré de pediros, que a donde quiera que vayáis, llevéis con vosotros esta cabeza, y a todos se la mostraréis, para que la oigan cómo clama y condena los juramentos».

DECIMOPRIMER DOMINGO. CICLO A

1. La intimidad de un Corazón.
2. Identidad de apóstoles.
3. Santos entre mis lectores.

1. El evangelio de hoy nos invita a sumergirnos en las fibras más profundas del Corazón de Jesús. Nos abre su intimidad para que conozcamos sus más ardientes deseos: la gloria del Padre y la salvación de los hombres. Solo desde estas dos perspectivas puede entenderse la vida, muerte y Resurrección de Cristo. Por eso nos estremecemos al escuchar el inicio del evangelio de hoy: *Al ver a las muchedumbres, se compadecía de ellas, porque estaban extenuadas y abandonadas «como ovejas que no tienen pastor»* (*Mt* 9, 36). Nos estamos acercando al misterio del amor misericordioso del Señor.

Él ha venido para mostrar a los hombres el rostro del Padre: *quien me ha visto a Mí, ha visto al Padre* (*Jn* 14, 9). Conoce a cada uno, a todos quiere anunciar el misterio de Dios, pero *la mies es abundante pero los trabajadores son pocos* (*Mt* 9, 37). Esta sentencia se cumple hoy como ayer. Jesús precisa –no por necesidad absoluta, sino porque así lo ha querido– de brazos que le ayuden en la transformación del mundo. Qué distancia hay entre la misión y los que se suman a ella. Hoy a Jesús también «le falta» gente.

«Lo que salva al mundo no son las reformas de estructuras sino la conversión interior de cada hombre, su transformación en Cristo, que es la santidad. La única que salvará al mundo: "las renovaciones fecundas y duraderas provienen, más que de los planes de los reformistas, de las creaciones de los santos". (...) Los santos están siempre abiertos a la esperanza. Se rebelan contra el pesimismo, contra las posturas conformistas o cobardes. El santo actúa, no habla; vive, no critica. "Minoría silenciosa de santos menudos que sepan ocultarse y desaparecer en la monotonía del deber de cada hora"»[1].

Y a continuación el evangelio enumera los nombres de los doce apóstoles; detrás de cada uno se esconde una historia de amistad con Jesús, cada uno podría contarnos el momento en que conoció al Maestro, que fue lo que les llevó a seguirlo incondicionalmente, etc.; también nosotros podemos contarlo... Nuestro nombre también está escrito ahí. ¡Somos apóstoles!

2. No podemos perder nuestra identidad de apóstoles. ¡Urge que nos despertemos! Que nos demos cuenta de la inmensa misión que Jesús nos ha confiado. «La Iglesia, como siempre en la historia, quiere cristianizar la nueva cultura que amanece en el mundo moderno. Quiere inyectar savia divina a la civilización que despunta.

---

[1] Beatriz de Ancos, *Tomás Morales, Formador de minorías*, 78

»Con urgencia inaplazable pretende resolver el arduo problema de la salvación de las almas que plantea la sociedad actual. Arduo problema con doble vertiente. Primera: reconquistar una masa de bautizados que no viven la fe, que se escapan día a día –más en los años de la juventud– y se hunden en la indiferencia o rindiendo culto a la materia. Segunda: atraer esas cinco sextas partes de la humanidad, esos hermanos separados de la comunidad de amor que es Cristo-Iglesia.

»La magnitud casi cósmica de este problema impresionante va haciendo caer en la cuenta a muchos de que el único camino para frenar la paganización creciente de las masas es la movilización en amplitud y profundidad de los laicos bautizados. Hay que imprimir en ellos tensión misionera. Es necesario hacerles vivir la fe bautismal.

»Deben caer en la cuenta de que "cuando un católico toma conciencia de su fe, se hace misionero". Tienen que sentirse Iglesia, Cristo prolongado y extendido en cada uno, para continuar la Redención transmitiendo a todos sus hermanos la vida divina, Jesucristo. Juan Pablo II nos lo ha recordado hace poco: "Todo bautizado es y debe ser, aunque en diversa medida y manera, misionero"»[2].

3. Benedicto XVI, cuando hablaba a los jóvenes, les animaba a aspirar a ideales altos, a no conformarse con pasar por la vida de puntillas sino a involucrarse en la transformación de la sociedad: «Espero que, entre quienes me escucháis hoy, esté alguno de los futuros santos del siglo XXI. (…) Cuando os invito a ser santos, os pido

---

[2] Tomás Morales, *Hora de los laicos*, 422.

que no os conforméis con ser de segunda fila. Os pido que no persigáis una meta limitada y que ignoréis las demás. Tener dinero posibilita ser generoso y hacer el bien en el mundo, pero, por sí mismo, no es suficiente para haceros felices»[3]. Ojalá entre los lectores de estas páginas estén también algunos, muchos, santos del siglo XXI.

El papa reconocía también, lo sabemos por experiencia propia o ajena, que mucha gente –y no solo los jóvenes– buscan la felicidad en lugares y momentos equivocados; acarreando con ello una pronta insatisfacción y frustración. Están desorientados. No obstante, la clave de la felicidad es sencilla: «se encuentra en Dios. Necesitamos tener el valor de poner nuestras esperanzas más profundas solamente en Dios, no en el dinero, la carrera, el éxito mundano o en nuestras relaciones personales, sino en Dios. Solo Él puede satisfacer las necesidades más profundas de nuestro corazón».

¿Qué es lo que verdaderamente da sentido a mi vida? ¿Dónde encontrar el sentido último a todo lo que hago? En la sabiduría del corazón –uno de los siete dones del Espíritu Santo– que, haciéndome gozar, saborear las cosas de Dios, me permite discernir el sentido y valor de las diferentes situaciones de mi vida. De este modo viviré cerca del Señor, maduraré, creceré en libertad y mi capacidad de amar se dilatará en horizontes hasta ahora insospechados.

Entre toda la muchedumbre de discípulos que le siguen escoge a doce, ¿por qué a esos y no a otros? No lo sé, forma parte del misterio amoroso de Dios. Jesús los

---

[3] Benedicto XVI, *Saludo a los alumnos en el Colegio Universitario Santa María de Twickenham*, (17-09-2010). Y lo que sigue.

miraría –mirada que traspasaba el alma–, diría el nombre de cada uno –en el tono de su voz se manifestaría la exigencia y el cariño–, y los separó para una misión especial. También nosotros hemos sido elegidos; te ha mirado, te ha llamado y te ha dado una misión.

DECIMOPRIMER DOMINGO. CICLO B

1. La confianza en Dios debe de ser total.
2. La paciencia con uno mismo.
3. La paciencia con los demás y
con las situaciones inesperadas.

1. Sin duda, uno de los temas capitales de las lecturas de hoy es cómo Dios hace, de lo poco, mucho. La gracia de Dios da el crecimiento a la semilla hasta convertirse en un árbol grande donde los pájaros encuentran su cobijo (cfr. *Mc* 4, 31-32). En la primera lectura, es Dios mismo quien planta, humillando a los árboles altos y ensalzando a los humildes. Es más, Dios compromete su palabra en esta dinámica de crecimiento, en el justo pago de la entrega del alma sencilla. Nos hallamos, por tanto, ante la promesa del poder de la gracia de Dios en el nuevo reino.

El evangelio y la historia misma de la Iglesia son testigos del cumplimiento de esa palabra. Los apóstoles, germen del nuevo pueblo, eran hombres tan sencillos como ese grano de mostaza... y crecieron hasta donde jamás sus mentes habían podido nunca imaginar. Su fruto es innumerable, siendo fundadores de las diversas iglesias de las cuales provienen, en línea directa, nuestros actuales obispos. ¿Habrá alguien capaz de negar que dieron fruto abundante?

Lo mismo podemos decir de los santos que iluminan con sus vidas el correr de los siglos. La mayoría de ellos eran personas de humilde condición. Algunos de los que dijeron las cosas más maravillosas de Dios apenas sabían leer y escribir, como la mística santa Catalina de Siena.

Es cierto que otros, como san Francisco de Borja, eran poderosos según los criterios de los hombres. Pero aun ellos debieron despojarse de todo para poder gustar el poder de la gracia de Dios. Cuando san Francisco de Asís se quedó desnudo y sin nada, abandonando su suerte al amor y al poder de Dios, entonces comenzó a ser ese árbol grande donde los pájaros acuden a cobijarse. Antes de morir, sus seguidores se contaban por miles.

Sin embargo, si bien esta es la característica principal de la liturgia de hoy, no es la única. El evangelio también hace referencia al modo en que la gracia hace crecer el reino en cada uno de los hombres: en el silencio de la paciencia (cfr. *Mc* 4, 26-29). No por más gritar crece la simiente más aprisa, ni tampoco por tirarse de los pelos se apresura en alcanzar altura y frondosidad. La obra se realiza *sin que el agricultor sepa cómo*; de noche, mientras duerme. Esta es la preciosa consideración que quiero hacer presente en tu plegaria.

No se trata de abandonar nuestra lucha contra el pecado o dejar de pelear por la virtud, sino de fiarse en que esas cosas nobles se lograrán no por nuestro esfuerzo, sino por su gracia. Esa confianza en Dios debe ser total, y se manifiesta en la paciencia que mostramos ante nuestros éxitos y caídas. Luchar con todas las fuerzas abandonándonos absolutamente al querer de Dios. ¿Lo intentamos?

2. La desesperación ante las propias caídas es buena muestra de un punto de falta de confianza en la gracia de Dios. Queremos crecer a golpe de nuestro impulso; no comprendemos que es Él quien da el crecimiento en nosotros... y nos extraña que volvamos una y otra vez al fango del pecado.

San Francisco de Sales se sorprendía de que nos lamentáramos de nuestras caídas, puesto que consideraba normal que la enfermedad esté enferma o la debilidad sea débil. Estamos enfermos por el pecado; somos débiles y debemos admitirlo.

Quien confía en la gracia de Dios no desespera, sino que es paciente. Sabe guardar silencio ante sus tropiezos y se empeña en volver una y otra vez a Aquel que puede salvarle. El mismo santo obispo de Ginebra recomendaba, con dulce criterio, que hiciéramos con nuestra alma al menos lo que haríamos con una bestia de carga: una vez caída en el hoyo, exhortarla a salir con palabras amables y los medios adecuados (cuerdas, mozos que ayuden, etc.). De nada sirve molerla a palos, porque entonces nunca saldrá del agujero y perderemos el buey o la mula que tanto nos ayudan. Si eso se puede decir de un animal, ¿qué no podremos afirmar del alma?

La paciencia es una virtud que acompaña a quien confía en Dios y que se expresa fundamentalmente en el juicio sobre uno mismo. *Más vale ser paciente que valiente*, afirma el libro de los Proverbios, *dominarse que conquistar ciudades* (*Pr* 16, 32).

Este conjunto de consideraciones nos brindan la estupenda oportunidad de pensar si el pesar por nuestras caídas –o la alegría por los éxitos– nacen del corazón paciente que aguarda todo de Dios, o bien del orgullo de quien ve frustrados o conseguidos sus propios planes.

3. A menudo las personas que están más cerca nos cargan especialmente. Debemos pensar que Dios obra en nosotros como en la semilla evangélica y si Él tiene la paciencia necesaria con nuestras almas... ¿por qué nosotros no la tenemos con el prójimo?

Nos cargan sus manías, nos pone de los nervios que hagan ruiditos al comer, hablen sin moderación, no respeten la opinión de los demás o pongan los pies sobre la mesa del salón. Aún más, el hecho de saber que todo eso va a ocurrir, lejos de atemperarnos nos saca más de quicio, porque rumiamos en nuestro interior todas esas intemperancias y nos enervamos incluso antes de que ocurran.

Es propio del hombre paciente (del hombre que vive según la gracia de Dios, al modo evangélico) esperar antes de corregir, sonreír a pesar de la molestia, contestar con buenas palabras a quien más carga, no desesperar en el deseo de ayudar a los demás.

Además, cuando se aproximan las estaciones extremas con frío o calor y las molestias anejas, conviene que apliquemos la atención al ejercicio de nuestra paciencia en esas circunstancias; porque la paciencia también habla del trato con lo inesperado. Quejarse es una clara manifestación de falta de dominio de uno mismo, y eso es algo que tiene que ver con la impaciencia de quien no es capaz de esperar que las cosas cambien.

Finalmente, debes de pensar que puede llegar un tiempo en que seas perseguido por causa de tu fe, como ocurre ya de hecho en otros continentes o países. Entonces, la paciencia será algo más que una virtud accesoria porque soportar benignamente los insultos y los oprobios no es tarea sencilla. Perder un trabajo, ver negada una oportunidad, ser separado de la propia familia, todo ello por razón de la fe, requiere un grado de paciencia que habla de santidad heroica.

Para todo eso y mucho más hemos de estar preparados, si deseamos de veras ser amigos de Dios, discípulos de Jesucristo. Tú y yo somos grano de mostaza: crezcamos al ritmo del Espíritu Santo gracias a la preciosa virtud de la paciencia.

DECIMOPRIMER DOMINGO. CICLO C

1. La plegaria más vibrante.
2. La oración o el lenguaje de los enamorados.
3. Sencillos de corazón.

1. Simón el fariseo ha invitado a Cristo a su casa: tiene interés por conocer a ese profeta tan particular (cfr. *Lc* 7, 36-50). Inesperadamente irrumpe en escena una mujer que, movida por su contrición, rompe a llorar, limpia los pies del Salvador y los unge con perfume al tiempo que los seca con sus cabellos[1].

Simón se escandaliza. Piensa: *Si este fuera profeta, sabría quién y qué clase de mujer es la que lo está tocando, pues es una pecadora* (*Lc* 7, 39). Fíjate como, en la consideración del fariseo, la relación entre Jesús y la mujer queda liquidada con un solo verbo: «tocar». El evangelio dice que aquella mujer era conocida públicamente como «pecadora», lo cual hace pensar que se trataba de una prostituta. El verbo con el que Simón resume la actitud de la mujer confirma la sospecha: una prostituta es

---

[1] Esta meditación está inspirada en M. Leonardi , *Mezz'ora di orazione*, 41-43.

la que está «tocando» a Jesús. El juicio sobre el salvador se transforma ahora en condena: *si este fuera profeta, sabría quién es esta mujer*.

Pero el Espíritu Santo, autor principal de la Sagrada Escritura, no considera la escena del mismo modo. Todo lo contrario. Él, por mano del evangelista, nos describe cuanto sucede mediante una larga lista de verbos llenos de movimiento: la mujer se había «enterado» de que el maestro comía en casa del fariseo, *vino con un frasco de perfume, se colocó detrás junto a sus pies*, y *llorando, se puso a regarle los pies con sus lágrimas, los enjugaba con sus cabellos, los cubría de besos* y se *los ungía con perfume*. Y Jesús, sabiendo que el fariseo condena injustamente en su corazón, denuncia su hospitalidad como carente de toda ternura y caridad: nada de lo que ha hecho la pecadora te has dignado a hacerlo tú (cfr. *Lc* 7, 44-46).

Nuestra escena de hoy ilustra perfectamente la diferencia que existe entre tratar a Cristo con afecto o con desprecio. Muchas veces experimentamos desazón al gustar el amargo sabor de una meditación insulsa. Se hace muy pesada la tarea de perseverar en ella todos los días. Pero, ¿cómo deseas ser constante si no pones tu afecto y tu ternura? Sin poner el corazón en la oración, difícilmente se encuentran motivos para frenar el torrente de la actividad y pararse a meditar. Como el fariseo, se liquida la plegaria en un solo sustantivo: «aburrimiento». La relación con Cristo es entonces como la de Simón: fría y calculadora; curiosa en el mejor de los casos.

¿No es verdad que cuando conoces que Jesús está cerca y te dispones a rezar, te arrodillas, lloras, le unges... ¡y le cubres con tus besos!... es tu plegaria indudablemente más vibrante? Quizá no «sientes» nada, pero ten por seguro que al Señor no le pasa desapercibido ninguno de tus detalles de amor.

2. Era el día perfecto. Recién terminados los exámenes, la universidad celebraba la fiesta de su santo patrón. Ana no pensaba ir a las aburridas conferencias que se impartían en el aula magna. Mucho mejor: aprovecharía el día para estar a solas con su novio. Las semanas de exámenes les habían tenido, aunque cerca, muy lejos. Era tiempo de estar juntos. Los días ya alargaban, el clima era ideal y le llenaba de alegría la idea de dar un paseo largo con él y hablar y hablar y hablar.

Quedaron a las diez de la mañana en la puerta de la facultad. Anduvieron durante horas por el campus. Comieron en un restaurante muy sencillo y siguieron su paseo, como si nada ocurriera, como si tuvieran todo que contarse.

Ya en casa, al caer de la tarde, Ana explicó a sus padres el plan del día. Adoraban a Eduardo. Poco después de media hora, él la llamó por teléfono. El padre, algo molesto, escuchaba a los novios parlotear, y después de treinta minutos de conversación gritó desde la cocina: «¿Qué tenéis que deciros después de todo un día juntos? ¡Qué barbaridad!». Ana, tapando el auricular, gritó: «¡Nada, papá! ¡Nada!». Y no mentía.

El lenguaje de los enamorados es diferente de cualquier otro. Ana podría haber contestado de manera más brusca, diciendo que es imposible que alguien que no esté en su situación pueda comprender la importancia de no decirse «nada». Porque, los enamorados, al hablar de nada se lo dicen todo. El gusto de no tener nada sustancial que comunicar y hablar durante horas en tono confidente es ya, en sí mismo, una comunicación de todo lo importante: el cariño, el amor, lo relevante que es, sencillamente, que el otro exista y esté conmigo.

Al Señor le interesa que nos dirijamos a Él con este particular lenguaje de enamorados. El fariseo, con su «tocar», ventiló la relación de la pecadora con Jesús, y pensó haber descrito todo lo que pasaba. Era imposible que entendiera lo que sucedía, porque desconocía el amor.

Por eso, junto a la ternura y el corazón, debemos alimentar nuestra oración con el deseo de estar profundamente enamorados de Jesucristo. Solo así, esos ratos de «nada» –nuestra oración– se convertirán en tiempo donde se comunica «todo». Sin ruido de palabras. Sin necesidad de novedades.

3. No solo la doblez del corazón impide el trato con Dios. Jesucristo lo denunció muchas veces, especialmente en lo que se refiere a su relación con la casta de los fariseos. Les recriminó en muchas ocasiones su falta de sencillez, y nos enseñó lo vital de ser humildes.

Simón, sin embargo, no fue sencillo, sino simple. Interpretó la realidad que le rodeaba, llena de pasión y de ternura, en términos simplistas. Su alma era menos profunda que un charco en la acera y conforme a ese criterio juzgaba cuanto ocurría a su alrededor.

Nosotros no estamos exentos de este peligro. Somos simples –y, por tanto, incapaces de Dios– cuando hacemos juicios precipitados de la realidad. Cuando juzgamos, lo único que logramos es calificar nuestra conducta como pueril u orgullosa. Somos simples cuando ventilamos como inútil este deseo nuestro de rezar todos los días; cuando defendemos nuestra fe sin argumentos y sin escuchar a los opositores, con miedo a que nuestras creencias se desestabilicen y sin ningún deseo de alcanzar la verdad o progresar en el amor.

La mujer pecadora, por el contrario, es para nosotros un ejemplo vivo de sencillez. Hizo lo que le parecía adecuado después –ten seguridad de ello– de haberlo meditado mucho. Sabía el riesgo que comportaba que ella, siendo pecadora, tocara a un hombre justo. Pero comprendió también que ese justo era el Cristo. O al menos, lo presumía. Juzgó que la misericordia de Dios está muy por encima de sus pecados, y actuó con sencillez de corazón. A la vista de todos mostró su amor y su generosidad quedó prontamente recompensada.

Pero él dijo a la mujer: «Tu fe te ha salvado, vete en paz» (*Lc* 7, 50).

DECIMOPRIMERA SEMANA. LUNES

1. En la vida moral: ni huelga ni servicios mínimos.
2. Amar y actuar; evitar el espíritu de queja.
3. Construir siempre.

1. «Hacer huelga» significa, entre otras cosas, dejar de trabajar. Actualmente es un derecho, si bien hace años estaba severamente penado. Sin embargo, si nadie trabaja todo queda paralizado. Para que esto no ocurra existe un acuerdo de los trabajadores con las patronales por el cual se cubren unos «servicios mínimos». De este modo, si la huelga es de transportes, al menos habrá unos servicios de metropolitano y autobús que permitirán desplazarse a la gente, aunque con las molestias que produce la reducción del servicio, que provoca que trenes y autobuses vayan siempre llenísimos y con retraso.

Convéncete bien: en la vida moral, ni huelga ni servicios mínimos. «Huelga» significaría en este caso ser egoísta, ir solo a lo tuyo, velar solo por tus cosas, aprovecharte de los demás. «Servicios mínimos» sería lo que Jesús ha explicado en el evangelio: la insuficiencia de pagar a los demás con la misma moneda (cfr. *Mt* 5, 38ss.).

Hay personas que anotan el valor de todos los regalos de boda que hacen a sus hijos para luego regalar lo mismo a los de sus amigos. Obrar en servicios mínimos en la vida moral es esto mismo pero referido a todos los aspectos de la vida: me hacen bien, devuelvo bien; me hacen mal, devuelvo un mal proporcional. Prestar solo a los que prestan, saludar solo a los que saludan, dar solo a los que dan... en definitiva, *ojo por ojo; diente por diente* (*Ex* 21, 24).

La vida moral y espiritual debe «rebosar en caridad». En ningún caso ir a lo mínimo. Lo nuestro es la «sobreabundancia en el amor». «Poner la otra mejilla» significa justamente esto: ser capaces de llegar hasta el final en el amor. Cuando se habla de caridad no hay otra solución: *just do it*.

2. Cuando pegan en una mejilla se debe poner la otra; cuando piden se debe dar el doble... Si todo obedece a esta regla que nos indica el evangelio, ¿dónde queda la justicia? Porque lo más lógico, si te pegan en una mejilla, quizás no sea responder con otro bofetón, pero sí llevar a aquella persona a la justicia y que la condenen y pague por sus culpas, ¿no?

Debemos tener muy en cuenta que el Señor al decir estas cosas no quiere abolir la justicia. De hecho, podemos pensar que estaría muy de acuerdo con la frase: «si alguien te golpea, denúncialo».

Lo que Jesús quiere evitar es que nadie tome la justicia por su mano. *Ojo por ojo, diente por diente*; esa ley que valió en una época, hoy ya no rige. Algunos países aplican este criterio, y vemos las consecuencias: guerras, odios, destrucción. La respuesta podrá ser proporcionada, pero la guerra es imparable. No. La justicia no puede funcionar así.

Por otro lado, como veíamos, Jesús nos exhorta a buscar, por encima de todo, la caridad, que se muestra en saber soportar las contrariedades, en sonreír (casi) siempre, en no perder la paz y también en denunciar la injusticia.

La madre no calló. Después de ver cómo conducía aquel hombre por la carretera, inmediatamente paró, llamó por teléfono y lo denunció a la policía. Hubiera sido mucho más cómodo –y barato– comenzar a protestar y no hacer nada. Ella fue una ciudadana ejemplar que no solo se enoja, sino que actúa.

Un cristiano que no vive de servicios mínimos ni en huelga, sino que lucha porque su entorno cambie, no se queja sino que obra.

Piénsalo. Háblalo con Jesús. ¿Te quejas mucho?

3. Ofrecer la otra mejilla, caminar otra milla... dar, en definitiva, la vida entera: ser capaz de amar siempre y en cualquier circunstancia.

«Hacer crítica, destruir, no es difícil: el último peón de albañilería sabe hincar su herramienta en la piedra noble y bella de una catedral.

— Construir: esta es la labor que requiere maestros»[1].

Construir. Buscar siempre lo que une. Evitar sistemáticamente aquello que separa.

---

[1] *Camino,* 456.

Es sorprendente cómo en muchas casas nunca se tira nada de comida: las madres, sabedoras de lo costosas que son las cosas, encuentran mil modos para volverlas a sacar a la mesa sin que los hijos se den cuenta; modos nuevos, distintos e igualmente sabrosos. Nada se pierde.

Podemos pedirle a Dios ser nosotros así de originales en nuestras relaciones con los demás. Nunca se da nada por perdido: hemos de buscar siempre nuevas formas de presentar nuestra fe, nuestro amor a Jesucristo, nuestros valores... nuestra caridad. Ardorosa. Paciente. Amable.

En esta labor de «construcción» cuentas con la ayuda inestimable del maestro interior, el Espíritu Santo. Déjate ayudar por Él, porque ¿a quién le sale poner la otra mejilla? ¿Quién será capaz de dar siempre el doble?

Nosotros no. El Espíritu Santo, que habita en tu corazón, ¡Él sí que puede! Déjate ayudar.

DECIMOPRIMERA SEMANA. MARTES

1. Llegar a ser un héroe en un minuto.
2. La santidad está en las cosas pequeñas del día a día.
3. Muchos minutos heroicos.

1. Está probado: levantarse a la primera es el primer paso para tener un día sano. Digamos que no es garantía segura, pero sí un buen primer paso. Lo escuché una vez en la radio: decía una psicóloga (argentina) que estaba certificado que el modo de afrontar el día durante los primeros quince segundos ejerce una influencia decisiva en el humor durante la mañana e incluso durante todo el día. Para entendernos: que hay gente que se levanta con muy mal humor y normalmente ese mal humor no es fácil de quitar y va ganando terreno a nuestro día y a nuestro carácter.

Compensa, por tanto, levantarse de buen humor. ¿Cómo hacerlo? Haciéndolo rápido. Al menos eso decía esa psicóloga y eso dice desde hace siglos la espiritualidad cristiana: la importancia de levantarse en cuanto suena el despertador o el también llamado «minuto heroico».

«Minuto» en un sentido alegórico; o sea, que no se trata de estar un minuto rodando sobre la cama luchando por salir de ella. Minuto significa aquí segundo. Suena el despertador y al suelo, a rezar un ofrecimiento de obras bien rezado y dejar todo el día en manos de Dios.

Sin embargo, ese momento sí que es heroico, porque como dice el diccionario: «un tiempo heroico es aquel en el cual se ha hecho un gran esfuerzo por sacar adelante una cosa». En este caso, levantarse.

Parecerá cosa de poco, pero significa comenzar el día con una victoria: porque te levantaste deprisa, porque tus rodillas se clavaron en el suelo para ofrecer al Señor tu primer pensamiento; o con una derrota: porque remoloneaste, luego fuiste con prisa, agobios, falta de paz y turbación por tu pereza, arreglándote en el ascensor o en el espejo retrovisor cuando paras en un semáforo.

Toca pararse. Toca rezarlo. Toca decidirse: a seguir a Cristo nuestro Señor desde la primera hasta la última hora del día.

2. Porque en cosas como esta consiste la perfección. Estate atento. Cuando Cristo nos dice en el evangelio de hoy que seamos más que publicanos y fariseos, que hagamos cosas extraordinarias, que amemos a nuestros enemigos y recemos por los que nos persiguen, se refiere también a este conjunto de cosas pequeñas donde nos jugamos de verdad nuestro amor a Dios.

Un compañero del papa Pío XII lo describe ya de joven como un santo porque comía como un pájaro, trabajaba mucho y dormía poco. Si la santidad es así, ¡vaya pereza! El papa Pío XII podrá llegar a ser santo por muchas cosas antes que por ninguna de esas tres.

¡La santidad es otra cosa! Es, desde luego, amor a lo pequeño. En ningún caso, aburrimiento. La santidad que Jesús propone es amar a los enemigos, y se concreta en pequeñas cosas, como saludar a los que no nos saludan.

El minuto heroico es una de esas pequeñeces que tanto agradan a Jesús. Piensa que cuando estás entusiasmado con algo, salir de la cama no cuesta tanto, porque «hay un motivo claro que te anima». Agradar a Dios y regalar buen humor a los demás pueden ser dos buenas causas para cambiar desde hoy el modo de despertarte; al instante y mirando al cielo. Enamorarte de Dios y de la vida, luchar con entusiasmo cada día, pueden ser un excelente motor que mueva tu sonrisa cada mañana.

«El minuto heroico. —Es la hora, en punto, de levantarte. Sin vacilación: un pensamiento sobrenatural... y ¡arriba! —El minuto heroico: ahí tienes una mortificación que fortalece tu voluntad y no debilita tu naturaleza»[1].

3. Poco a poco experimentarás que el día se lleva a cabo a base de pequeños vencimientos. Hay miles –millones– de cosas que a lo largo de la jornada no apetecen absolutamente nada: hacer la cama, salir a por el pan, bajar la basura, ponerse en punto a estudiar o trabajar, ser preciso en la hora con los amigos, dejar el mejor sitio a otros, estar disponible para poner la mesa, ayudar a recogerla...

---

[1] *Camino*, 206.

Estos momentos son también pequeños minutos heroicos del día a día. No concederse un segundo en reaccionar porque de otro modo corremos el riesgo de no hacerlo. De pequeños nos confesábamos, seguro, de no obedecer a la primera a nuestros padres, de retrasar nuestra respuesta y de enfadar así a nuestros superiores porque les cansábamos con nuestra negligencia.

Se trata, por tanto, de obedecer a la primera a nuestros buenos deseos de servicio a Dios y a los demás, que nuestra conciencia nos recuerda constantemente con la ayuda de la gracia. En la medida en la que vivamos el minuto heroico, en tal sacrificio, en cual acto de servicio o en aquella otra mortificación, Dios acrecentará nuestra sensibilidad para ser más piadosos, más fuertes y más conscientes de las necesidades de los demás.

«Diligencia». Pídela a Dios. Fíjate en tres de sus significados según la Real Academia: «cuidado en ejecutar algo; prontitud, agilidad». Reza despacio pensando en cada una de ellas o, si quieres, resúmelas en una y única palabra: amor.

DECIMOPRIMERA SEMANA. MIÉRCOLES

1. Nuestro deseo: agradar a Dios siempre y en todo.
2. Cuidar especialmente aquellas cosas
que hacemos y nadie conoce.
3. Rectificar muchas veces la intención.

1. Muchas veces buscamos obrar bien, y lo perseguimos con todas nuestras fuerzas. Tratamos de hacer lo mejor, en el estudio, en el trabajo, en la familia, con los amigos; sin embargo, la lucha cansa, y con el tiempo podemos desanimarnos. Nos cuesta lo bueno, nos agota la perseverancia, el trabajo da pereza. Nace la inconstancia.

Hay decenas de razones por las cuales esto es así. Ahora bien, una raíz profunda de este mal es la falta de «rectitud de intención». A ello vamos a dedicar nuestra oración, incorporando desde este momento una petición que te puede acompañar en este rato y durante toda tu vida: hacer todo para la gloria de Dios y solo para la gloria de Dios. Las dos cosas: hacer todo solo por amor a Él.

Cuando se nos mete otra intención en las cosas que hacemos, tales como quedar bien delante de los amigos, figurar delante de los jefes o de los profesores, ser el mejor en una materia o en algún deporte, difícilmente perseveraremos en nuestros propósitos porque, con el tiempo, ya no seremos de esa élite, aparecerá otro mejor y nos cansaremos.

La rectitud de intención hace referencia a la intención con que hacemos las cosas: si nos buscamos a nosotros mismos o buscamos a los demás. Se puede echar limosna para ayudar a un pobre o para que me vean. Una intención equivocada hará que la acción deje de ser buena, porque no basta que el objeto de la acción sea bueno sino tener también recta intención.

Requiere una pureza de corazón muy grande obrar siempre con rectitud de intención. En el fondo, en todo –absolutamente todo– lo que hacemos nos buscamos un poco a nosotros mismos.

Por eso, en primer lugar, le pedimos a Dios que nos ayude en este deseo de agradarle toda nuestra vida en todas las cosas. «Mi deseo es, Señor, agradarte».

2. Jesús habla de los hipócritas que rezan de pie en las sinagogas porque quieren que los vea la gente y hacen ayuno de modo ostentoso, para que todos lo noten, y les den palmaditas en la espalda y les reconozcan lo muy bien que lo hacen. Parece absurdo, ¿verdad?

No lo es tanto: a nosotros también nos pasa cuando somos incapaces de hacer un sacrificio que no sea visto por los demás, cuando nos enfadamos porque no reconocen lo que hacemos (el encargo en casa, el estudio, el trabajo, algún acto extraordinario), o cuando buscamos las opiniones de nuestros amigos a propósito de algo que hemos hecho o dejado de hacer, para gloriarnos y alegrarnos en caso de que la gente se haya dado cuenta de lo bien que obramos y de lo majos que somos.

Para fomentar la rectitud de intención, le puedes pedir al Señor que te haga «maestro de lo escondido». Trata de buscar en casa el modo de ayudar sin que nadie lo note, de cumplir tus obligaciones sin llamar la atención (estudiar, trabajar con constancia), de estar pendiente de los demás para llegar a ser un auténtico amigo, capaz de todos los favores sin rendir cuentas de nada.

De este modo, tu rectitud quedará más asegurada. Piensa cómo van en tu vida esas cosas que, justamente, nadie conoce. Ahí es donde verás cómo de grande es tu amor propio.

3. La intención con que hacemos las cosas cambia constantemente, porque sin darnos cuenta tendemos a buscarnos a nosotros mismos. Por eso, no te extrañe que aquello que comenzaste con deseos de agradar a Dios y a los demás, poco a poco se vaya tornando en algo pesado, de forma que surge una especie de queja interior que pide compensaciones o halagos por la tarea realizada.

Conviene darnos cuenta de que somos normales y por eso es imposible que no nos sintamos fenomenal cuando nos felicitan por las buenas notas o por el buen tipo que tienes o lo guapa que estás; y nos entristezcamos cuando ocurre todo lo contrario. Es normal. Somos normales.

Es entonces cuando toca «rectificar la intención». Junto con ese gusto superficial, rectificar en seguida, y ofrecérselo todo a Dios con alguna oración: «es para ti, es para tu gloria».

De este modo, cuando te felicitan por tu inteligencia recuerda que Él fue quien te la dio y a Él debes devolverle sus frutos. Cuando te halaguen por tu delicadeza, por tu belleza o por tu educación, piensa que todo viene de Él y a Él vuelve y agradéceselo como don suyo que es. Rectifica: «Señor, pienso que es cosa mía, pero sé que se debe a ti. ¡Todo para ti! Perdona que me gloríe en mis cosas. Todo para ti».

Es bueno que cuando comenzamos un trabajo lo ofrezcamos a Dios, cuando estemos en ello renovemos ese ofrecimiento, y al terminar hagamos otra vez lo mismo. Así será difícil que nuestra mirada se centre en nosotros mismos, porque, como dice san Pablo: *el que se gloríe, que se gloríe en el Señor* (*1 Co* 1, 31).

DECIMOPRIMERA SEMANA. JUEVES

1. Rezar a puerta cerrada.
2. Perseverar en el propósito de rezar.
3. Antes de pedir cosas a Dios, aprender a adorarlo
y a darle gracias.

1. Jesús quiere que recemos *a puerta cerrada*. Lo escuchábamos ayer: *tu Padre que ve en lo escondido te recompensará* (*Mt* 6, 18). Cuando un partido de fútbol se juega a puerta cerrada significa que no hay espectadores: silencio, solamente se escuchan las voces de los jugadores. Nosotros queremos hacer igual en nuestra oración: a puerta cerrada con Jesús, sin espectadores, y únicamente dos voces, la suya y la nuestra. Apaga, si los tienes cerca, el teléfono móvil: ahora no hace ninguna falta.

Jesús nos invita a hacer oración con los sentidos concentrados en Él, serenos, no ajetreados: quiere un momento delicado de tu día, un lugar específico para que te encuentres con Él. Si cabe, quiere el mejor momento del día: ese en el que estás más despejado, más deseoso de hacer las cosas bien.

La oración diaria completa la Misa porque, como bien sabes, no basta la participación en la Misa para tener un trato amoroso con Dios. No. No es suficiente. Puedes ir a Misa todos los domingos e incluso todos los días y suceda que toda esa gracia no cale en tu vida. ¿Sabes por qué? Porque la Misa se puede escuchar diariamente con el piloto automático, la oración no. Me explico.

Cuando participas de la Santa Misa todo está hecho. Respondas o no respondas la Misa seguirá adelante. Con tu atención o sin ella, la Misa no se para, de modo que en algo más de media hora la celebración habrá terminado. Así se pueden pasar años de una vida sin una celebración de la Eucaristía verdaderamente fructuosa.

Sin embargo, cuando se reza, es necesario implicarse absolutamente. Si no lo haces, notarás cómo la oración te aburre soberanamente y es cuestión de tiempo que la dejes. La oración se estanca, te torra y resulta inútil y así no se aguantará mucho tiempo. La oración no esforzada tiene sus horas contadas.

No obstante, es necesario rezar. Mucho. Es Jesús quien llama a la puerta de tu corazón, cerrada para buscar intimidad, y te invita cada día a compartir un amorosísimo rato con Él.

Piensa como dichas para ti personalmente, hoy, aquellas palabras que un día Nuestro Señor dirigió a Zaqueo: amigo, prepáralo todo, que hoy deseo quedarme contigo en tu casa (cfr. *Lc* 19, 5).

2. Es necesaria una determinación fuerte de rezar. No valen medias tintas. Pensar sosegadamente en qué momento del día rezaré y cuánto tiempo. Tenerlo hablado con el director espiritual. Al menos quince minutos. Si es posible delante del sagrario. Tratar de no dedicarle a Dios «los minutos de la basura», esos huecos metidos con calzador en los que difícilmente podremos encontrar a Cristo vivo a través de una oración encendida.

Piensa que si no te determinas con fortaleza, cualquier cosa podrá apartarte de tu deseo de rezar. Hoy serán las preocupaciones, porque se te ha quedado colgado el ordenador y tienes que resolverlo... ¿quién puede sentarse a rezar sabiendo que el ordenador puede estar siendo atacado por un virus horrible? Mañana será un trabajo, porque debes apurar hasta el final las horas del día, porque tienes una entrega mañana y andas agobiadísimo. Pasado mañana serán tus pecados y te dejarás convencer por el enemigo que te sugiere la inutilidad de rezar después de haber ofendido a Dios, cuando es justo todo lo contrario: habrá pocos momentos más propicios para rezar que caídos por la ofensa deliberada a Dios que es el pecado, porque Cristo no ha venido a llamar a los justos sino a los pecadores (cfr. *Lc* 5, 32).

Hora fija. Tiempo fijo. Persevera en tu propósito de rezar: entonces tu oración podrá ser fecunda.

3. *Cuando recéis, no uséis muchas palabras como los gentiles, que se imaginan que por hablar mucho les harán caso* (*Mt* 6, 7).

Cristo desea para nosotros una oración no distraída, una oración centrada. Trata de sosegarte, de no estar pensando mil cosas, de no hacer de tu oración «un rato de agenda». Intenta, por el amor de Dios, conversar con el Señor: hablar con Él.

Muchas veces, reducimos la oración a pedir cosas a Dios. Pedir, pedir, pedir. Está bien: los hijos piden cosas a sus padres. Pero si te fijas bien, el padre nuestro tiene dos partes y en la primera se hace referencia más bien a nuestra relación con Dios, alabándolo, adorándolo, reconociéndolo como Señor nuestro. Solo en un segundo momento se pide alguna cosa. Si examinas el Ave María, pasa lo mismo: se ensalza a la Virgen María y solo después se pide que ruegue por nosotros.

Para una oración fructífera, gustosa, es necesario «aprender a adorar y a dar gracias». ¡Qué bonito es reconocer la grandeza de Dios en el diálogo íntimo de nuestra oración! «Jesús, te adoro; Jesús, te amo. ¡Qué grande eres! ¡Muestra tu poder! O también: Gracias por tantas cosas. ¡Gracias por todo, incluso por las veces en las que no te he sido fiel y podido gustar tu inmensa misericordia!

Díselo: Dios mío, tan grande eres... que no sé cómo adorarte».

DECIMOPRIMERA SEMANA. VIERNES

1. Al menos, cuatro modos de rezar.
2. La oración vocal y la meditación.
3. La oración afectiva y la oración de la simplicidad.

1. Era su cumpleaños. Volvía a casa después de una ago-tadora jornada de trabajo. Llamadas, ruidos, dificulta-des y la carga de sacar una empresa adelante en tiempos de crisis. No hay clientes, todo cuesta arriba y pagar la nómina de los empleados es un milagro mensual.

Cansado retornaba al hogar, sabedor de que su mu-jer y sus tres hijos algo le tenían preparado. «Me quieren mucho», pensaba al volante, al tiempo que una involun-taria sonrisa se esboza en su cara. Pensar en su esposa y sus tres hijos era luz en medio de una jornada llena de nubarrones. Deseaba llegar pronto: verlos ya.

En casa, cada uno había preparado su particular homenaje al padre. Sabían que estaba cansado y que todo lo merecía. Nada más entrar, apareció el pequeño, de apenas cuatro años, que con gran dificultad había aprendido una poesía de cuatro micro-versos que balbu-ceó emocionado. Contento, el padre se agachó, lo tomó y lo besó, recordándole al oído lo estupendo que había estado y lo bien que lo había hecho.

No había alcanzado el salón cuando salió a su paso un joven casi adolescente, unos doce años, que consideraba que tenía edad para dedicar a su padre un discurso hecho por él. Es verdad: no era Cicerón ni Winston Churchill; era un hijo que, con cosas tomadas de acá y de allá, y algo de su propia cosecha, decía a su padre lo mucho que lo quería. Nada de chat GPT, todo de su corazón. El padre, orgulloso, revolvió el pelo del muchacho y le dio un golpecito en la espalda.

Era muy guapa. Tendría dieciséis años. La hija mayor que, como muestra de la pureza de su conciencia limpia, había preparado un ramo de flores para su padre. Ella misma se ruborizó porque dudó al verle si un tal regalo era para un hombre que normalmente tienen en poco esas cosas. Y así, con más vergüenza que audacia, la muchacha se presentó delante de su padre que con cariño la besó e intercambió unas palabras, sorprendido por la inocencia de su propia hija.

Finalmente, alcanzó el lugar donde estaba su esposa. No hubo palabras: sencillamente se miraron, quizás una mínima sonrisa y siguió su camino. La mirada bastó: una mirada que reconocía muchos años juntos, enfermedad, alegría, dificultad, fecundidad, derrotas... amor.

El niño, el adolescente, la chica y la esposa: cuatro ejemplos de oración, cuatro modos de encontrarse con Dios. Trata de imaginarte el trato con Cristo según estas cuatro figuras. Verás cuánto fruto.

2. Cuando rezamos esas oraciones que aprendimos de pequeños, tales como el Ave María, el Jesusito de mi vida, el Padre Nuestro o el acto de contrición, somos como el niño pequeño que se acerca con confianza a su padre y le regala su pequeña poesía.

Se trata de que lo hagamos con amor e inocencia. A lo mejor no entendemos lo que decimos (¿quién está pendiente de lo que dice durante las cincuenta Ave Marías del rosario?), pero tratamos de decirlo bien. Basta que nos consideremos pequeños, muy pequeños. Nada. ¿Y Él? Todo. Así balbuceamos nuestras oraciones, con conciencia de niño de cuatro añitos… ¡y qué contento se pone nuestro Padre Dios!

Por otra parte, cuando nos sentamos, y leemos este u otro libro y tratamos de hablar con Dios, repitiendo frases de la Escritura o de algún libro espiritual, mezcladas a su vez con nuestra propia reflexión, somos como el adolescente que, cuidadosamente, preparó un discurso para su padre. ¡Bien sabe nuestro Dios el esfuerzo que nos cuesta la oración mental! Distracciones, preocupaciones, pecados… pero no lo dejamos: queremos repetir a nuestro Padre lo mucho que le queremos.

Dos modos útiles de rezar si hay amor y perseverancia: la oración vocal y la oración mental.

3. A veces, sin embargo, la oración es un poquito distinta y, por otra parte, preciosa: la oración afectiva. Como la chica del ramo de flores, así nosotros nos acercamos a Dios y alcanzamos mínimamente a decir, «Dios mío, te amo», al tiempo que le ofrecemos nuestras cosas, nuestros amores, nuestra vida misma. ¡Qué bonito cuando Dios nos concede rezar así, con el corazón! La contemplación del sagrario conmueve el alma y la consideración del amor de Dios mueve el sentimiento. Es un regalo este de rezar «de corazón a corazón» porque, además, imaginamos con facilidad la mirada orgullosísima de Dios que es como la mirada del padre que ve la belleza de su hija en la flor de la juventud y es capaz de admirarse por su pureza. Cristo –lo dice el evangelio– se admiraba con frecuencia, y se sigue admirando, cuando ve corazones puros de verdad. ¡Qué cosa tan bonita!

Finalmente, la oración de la esposa que es el silencio. Ya está. Nada que decir. La «oración de la simplicidad», oración de los enamorados que se conocen muy bien. Puede parecer poco, pero es con mucho la oración más elevada.

Mirarle. Saberte mirado. Silencio... y nada más.

DECIMOPRIMERA SEMANA. SÁBADO

*1. La monstruosa capacidad de la idolatría:
cambiar a Dios por cosas.*
2. La importancia de vivir la virtud de la pobreza.
*3. No preocuparse cuando falta lo necesario: Dios es
providente.*

1. El Señor nos ha creado para sí y todas las demás cosas son para ese fin. Todas las cosas son apetecibles en cuanto tienen algo de buenas. De este modo, comer, vestir, tratar con los amigos... en fin, muchas de las cosas que componen el universo de nuestros deseos y de nuestra actuación tienen un aspecto bueno e incluso placentero.

Por el pecado original que cometieron Adán y Eva y que todos hemos heredado, el corazón humano se puede desviar. Ha aparecido en el corazón del hombre «la monstruosa capacidad de la idolatría», por la cual el camino se convierte en meta.

Es entonces cuando el hombre deja de usar las cosas para acercarse a Dios y a los demás y comienza a apegarse absolutamente a ellas. Quita a Dios del horizonte de su vida y pone las cosas. Eso es la idolatría, dar culto a algo que no es Dios.

Lo vemos constantemente en nuestro entorno: un mundo atravesado por el deseo desenfrenado de disfrutar del placer a toda costa, mientras el corazón de los hombres y las mujeres de nuestro tiempo permanece triste al no encontrar cosa alguna que pueda satisfacerlo.

Pero no se trata de juzgar a los demás, sino de examinarnos a nosotros mismos con la ayuda de Dios. Pregúntale si has puesto alguna cosa, por pequeña que sea, en el lugar de Dios. Si estás apegado a algo o a alguien.

Recuérdalo, y medítalo despacio: *nadie puede servir a dos señores. Porque despreciará a uno y amará al otro; o, al contrario, se dedicará al primero y no hará caso del segundo. No podéis servir a Dios y al dinero* (Mt 6, 24).

2. La pobreza es una virtud cristiana fundamental: *no podemos servir a Dios y al dinero* (Mt 6, 24). Pero, ¿qué significa esto?

Si leemos la vida de Cristo, comprobaremos con sorpresa que tenía amigos muy ricos. Nicodemo debía estar más o menos acomodado, pero quien era seguro un hombre de recursos era José de Arimatea, que pasará a la historia por el significativo hecho de dejar a Jesucristo la sepultura que había comprado para él. Además, José de Arimatea no ahorró en gastos para embalsamar a Jesús con ricos perfumes.

En otra ocasión, Cristo visitó a Zaqueo, que era muy rico y aceptó la ofrenda de Zaqueo de dar la mitad de sus bienes; en ningún caso le reprochó que no diera más. Aquella decisión pareció a Cristo muy oportuna.

Jesús nos quiere advertir del peligro de la riqueza entendida como engaño, apegamiento, mentira. No es para nada malo tener cosas: lo horrible es estar apegado a ellas.

Tenía veinte años: lloraba sin parar en medio del aula universitaria. Estudiaba farmacia. El profesor, conmovido, se acercó a brindarle su ayuda. La chica respondió: «usted no puede ayudarme en nada... ¡he perdido mi móvil! Mis contactos, mis datos... ¡todo!». Desánimo absoluto por la pérdida del móvil.

Con sinceridad, responde delante de Dios, háblalo con Él: ¿qué sería de ti sin tu móvil? ¿Te entristecería pensar que no vas a tener acceso a internet durante una semana? ¿Cómo miras la ropa de los escaparates? ¿Tienes envidia de los demás porque llevan ropa de marca o tienen un coche mejor o unas vacaciones más lujosas? ¿Criticas a otros sencillamente porque son mejores que tú?

Pobreza. Desprendimiento. Una primera consecuencia: vivir feliz porque tengo lo suficiente. La pobreza genera una conciencia agradecida y, por eso mismo, una conciencia feliz.

3. ¿Cómo encajas que en ocasiones te falte lo necesario? La pobreza no es solo prescindir de miles de cosas que se amontonan en tu armario y no sirven para absolutamente nada y jamás usas; sino que también se manifiesta en tu carácter magnánimo cuando falta lo necesario: cuando no hay salud, cuando duele la cabeza, cuando no hay calefacción, aire acondicionado, agua caliente, o no funciona el metro.

La pobreza consiste también en saber que dependemos en todo de Dios, y por eso no nos altera que nos falte lo fundamental. Tratamos de vivir el imperativo que Cristo nos ha dado en el evangelio de hoy: *no os preocupéis*. El Señor ha sido bien clarito: nos ha mandado no preocuparnos... ¿por qué lo vamos a hacer?

¡Es cierto! Dios vela por cada uno de nosotros, está pendiente, nos cuida, nos mima, nos conduce con amor. Convéncete: Dios existe y es todopoderoso y todo providente. Es muy consolador el ejemplo que pone el Señor: los lirios del campo son muy bonitos, y los pájaros una preciosidad... y lo son porque Dios toma cuidado de ellos... ¿y no valemos nosotros más que los pájaros, que los lirios y que toda la creación? (cfr. *Mt* 6, 26.28).

¡Jesús!, que no nos agobiemos nunca, ni por el mañana, ni por la falta de ninguna cosa, por necesaria que sea. ¡Jesús! Que reconozcamos tu inmenso amor por nosotros, tu cuidado maternal, cotidiano, constante.

Recuérdalo: la preocupación es estar todo el rato pendiente del mañana. La paz es vivir, a tope, el hoy.

DECIMOSEGUNDO DOMINGO. CICLO A

1. ¿Somos miedosos?
2. Miedo, ¿de qué?
3. Seguridad. Confianza. Abandono.

1. El comienzo del texto de hoy es claro y directo: No tengáis miedo a los hombres (cfr. *Mt* 10, 28). Se dice que el miedo es muchas veces algo instintivo contra lo que no se puede luchar; el miedo limita, el miedo paraliza, el miedo puede llegar a bloquear. Incluso puede convertirse en una enfermedad psíquica como son los ataques de pánico o pequeños brotes de ansiedad.

El origen del miedo puede ser muy distinto, pero sus consecuencias pueden marcar nuestras vidas. Creo que todos tenemos experiencias de miedo; quizás cuando éramos pequeños todo lo relacionado con la oscuridad nos causaba turbación: cuartos sin luz, caminar por un pasillo a oscuras, dormir sin la lamparita de la mesilla encendida etc.; cuando nos hemos hecho mayores nuestros miedos también han evolucionado: temor al ridículo, a la falta de aceptación, a que algo nos salga mal, al rechazo, a la novedad... El miedo, en definitiva, es algo que nos hace no ser nosotros mismos; preocupados por esas circunstancias que percibimos como posibles amenazas, nos paralizamos.

Tenemos que reconocer que cuando adquirimos cierta perspectiva nos damos cuenta de que las sospechas y las dudas eran infundadas, carecían de toda racionalidad; el miedo está íntimamente ligado a nuestra imaginación, nos asustan cosas que no se han producido, es algo parecido a como si estuviéramos balanceándonos en un precipicio cuando en realidad esto no es así.

Tú, ¿a qué le tienes miedo? ¿Qué es aquello que te paraliza o que te impide disfrutar o desarrollarte en la vida? A veces tenemos miedo porque no confiamos suficientemente en Dios o porque no nos conocemos a nosotros mismos; en cualquier caso es bueno reconocer esos miedos para poderlos afrontar. El trato con los demás –matrimonio, familia, trabajo, amigos– muchas veces nos hace descubrir esos miedos que procuramos transformar o disimular.

Toda nuestra vida debe fundarse en una clara afirmación: soy hijo de Dios; si Dios es mi Padre qué debo temer pues como dice el Salmo 36: *el Señor es mi luz y mi salvación, ¿a quién temeré? El Señor es la defensa de mi vida, ¿quién me hará temblar?*

Pídele luces al Espíritu para que te ilumine y puedas comprender los motivos por los que a veces pierdes la paz, te entra el miedo o te paralizas ante nuevos retos en tu vida.

2. Es verdad que dice la Escritura que el temor del Señor es el principio de la sabiduría (cfr. *Pr* 9, 10) y que, como hemos recordado recientemente en Pentecostés, el temor del Señor es un don del Espíritu Santo al alma en gracia; pero este «temor» no se identifica con tener miedo a Dios, sino que brota del amor que le profesamos y eso provoca en nosotros el temor a ofenderlo; que es muy distinto.

Es cierto que hay gente que tiene miedo a Dios, que su fe esconde un punto de superstición («voy a ir a Misa no vaya a ser que si me la salto Dios me castigue») o gente a la que le agobia confesarse porque piensan que Dios está enfadado y se va a manifestar en una represalia por parte del sacerdote, ¡nada más alejado de la realidad!

Si muchos de nuestros miedos carecen de sentido, el que carece de fundamento es tener miedo a Dios. Hay otros que sienten pavor a que Dios les pueda pedir algo y les reste su libertad. Fue el grito de san Juan Pablo II al inicio de su pontificado: «¡hermanos y hermanas! ¡No tengáis miedo a acoger a Cristo y de aceptar su potestad! (...) ¡No temáis! ¡Abrid, más todavía, abrid de par en par las puertas a Cristo! (...) ¡No tengáis miedo! Cristo conoce "lo que hay dentro del hombre". ¡Solo Él lo conoce! Con frecuencia el hombre actual no sabe lo que lleva dentro, en lo profundo de su ánimo, de su corazón. Muchas veces se siente inseguro sobre el sentido de su vida en este mundo. Se siente invadido por la duda que se transforma en desesperación. Permitid, pues, –os lo ruego, os lo imploro con humildad y con confianza– permitid que Cristo hable al hombre. ¡Solo Él tiene palabras de vida, sí, de vida eterna!»[1].

Toma nota.

---

[1] SAN JUAN PABLO II, *Homilía de inicio de Pontificado* (22-10-1978).

3. Jesús argumenta su petición: *¿No se venden un par de gorriones por un céntimo? Y, sin embargo, ni uno solo cae al suelo sin que lo disponga vuestro Padre. Pues vosotros hasta los cabellos de la cabeza tenéis contados. Por eso, no tengáis miedo: valéis más vosotros que muchos gorriones* (*Mt* 10, 29-31). Jesús quiere que dirijamos nuestra mirada hacia nuestro Padre del cielo y hacia su cuidado providente sobre nosotros. Tenemos el estupendo deber –o la extraordinaria posibilidad– de apoyarnos con frecuencia en Dios y experimentar su cercanía. Convéncete: el Corazón de Dios late por nosotros.

Esa seguridad y confianza en el cuidado de Dios nos tiene que llevar a portarnos como hijos orgullosos de tal Padre: *A quien se declare por mí ante los hombres, yo también me declararé por él ante mi Padre que está en los cielos. Y si uno me niega ante los hombres, yo también lo negaré ante mi Padre que está en los cielos* (*Mt* 10, 32-33). No tener miedo al qué dirán, a que nos clasifiquen o nos aparten de su lado por nuestra condición de cristianos; lo que verdaderamente debe espantarnos es alejarnos de Dios y eso a veces nos asusta menos que otras cosas.

El evangelio de hoy es un canto a vivir confiados y seguros en los brazos de Dios; pero esa realidad no se puede quedar disuelta en un mero sentimentalismo estéril o puramente piadoso, sino que ha de informar toda nuestra existencia: nuestra relación con Él, nuestro trabajo, nuestra vida de familia, nuestro descanso.

Terminemos hoy con un acto de confianza: «Estoy tan convencido, Dios mío, de que velas sobre todos los que esperan en Ti, y de que no puede faltar cosa alguna a quien aguarda de Ti todas las cosas, que he determinado vivir de ahora en adelante sin ningún cuidado, descargando en Ti todas mis solicitudes. "En paz me duermo y en seguida descanso porque Tú solo, Señor, me has confirmado en la esperanza"»[2].

---

[2] San Claudio de la Colombière. *Acto de confianza.*

DECIMOSEGUNDO DOMINGO. CICLO B

1. La belleza de cuanto nos rodea y la pobreza de nuestras inteligencias.
2. La percepción de la grandeza de Dios.
3. El temor de Dios.

1. El libro de Job ha causado siempre un profundo impacto en creyentes y ateos. Su protagonista es un hombre justo y temeroso de Dios que es tentado por Satanás hasta el límite de lo soportable. Lo más llamativo es que Yahvé se lo permite. *A él ni lo toques* (*Jb* 1, 12), apostilla al principio en su defensa.

El enemigo se tomó en serio la oferta y sustrajo a Job de todas sus posesiones, contándose entre ellas ganado y esclavos, hijos e hijas. Todo le es arrebatado al paciente varón a quien Satanás, después de obtener el permiso de Yahvé, hiere también en la salud y en la carne. Job, paciente hasta entonces, estalla en lamentos, incapaz de comprender por qué le ocurren todas esas calamidades. El libro habla, entre otras cosas, del origen del mal.

Dios no permaneció impasible al quejoso discurso del malogrado Job. La primera lectura de hoy es parte de su respuesta. Yahvé clama desde la tormenta: *¿Quién cerró el mar con una puerta, cuando escapaba impetuoso de su seno, cuando le puse nubes por mantillas y nubes tormentosas por pañales, cuando le establecí un límite poniendo puertas y cerrojos, y le dije: «Hasta aquí llegarás y no pasarás; aquí se romperá la arrogancia de tus olas»?* (*Jb* 38, 8-11).

Yahvé pide a Job que observe la perfección de todo lo creado. Su belleza. La amplitud de los mares, la riqueza de los montes, la hermosura de los ríos. Hoy, gracias a la ciencia, podríamos completar nuestro estupor en la contemplación del misterioso orden del universo o de la increíble armonía de lo microscópico. Einstein, sobrecogido por el orden de las cosas, afirmaba que Dios no juega a los dados; y muchos de los más grandes científicos se topan, si son honrados, con el umbral del misterio.

El cuerpo humano, la vida microscópica, la armonía de los planetas, la belleza de la naturaleza... todo cuanto nos rodea rezuma una sabiduría anterior que nos supera. Yahvé pide a Job que abra los ojos para ver todo aquello, y que recapacite si su juicio pesaroso acerca de sus calamidades es acertado.

Nuestras mentes son pequeñas y torpes; Aquel que sabe más y todo lo gobierna juzgará qué es lo oportuno. Si la viña tuviera oportunidad de pensar en el viñador después de ser podada y quedar desnuda como un muñón amorfo, probablemente condenaría a su propietario por inmisericorde. Sin embargo, cuando meses después viene la cosecha y de sus ramas penden sabrosas uvas que darán buen vino, agradece al podador la eficacia de su trabajo.

Puede ser que en nuestra vida las cosas no marchen como pensamos y es bueno que nos preguntemos por qué. Sin embargo, no sería oportuno caer en el pesimismo o en el mal humor. Acojamos la propuesta de la primera lectura que nos invita a ser más humildes, contemplando la belleza de cuanto nos rodea y la pobreza de nuestras inteligencias.

2. En el evangelio de hoy Jesús hace callar a la tormenta. Se trata de un milagro que mueve al estupor de los discípulos y apóstoles. *¿Pero quién es este? ¡Hasta el viento y el mar lo obedecen!* (*Mc* 4, 41). La pregunta es legítima porque gobernar las fuerzas de la naturaleza solo puede aquel que les ha dado forma: Dios mismo.

Es lógico, por tanto, que el milagro de hoy suscite en los seguidores del Nazareno un sentimiento de sincero temor. El «temor de Dios» tiene que ver justamente con esto: percibir la grandeza y soberanía de Dios que está sobre toda criatura, también sobre la naturaleza.

Podríamos decir mucho más y nunca acabaríamos, afirma el libro del Eclesiástico. *Mi conclusión es esta: «Él lo es todo». ¿Dónde hallar fuerza para glorificarlo? ¡Él es más grande que todas sus obras! Temible es el Señor, inmensamente grande, admirable es su poder. Ensalzad al Señor con vuestra alabanza, todo cuanto podáis, que Él siempre os superará; y, al ensalzarlo, redoblad vuestra fuerza, no os canséis, que nunca acabaréis. ¿Quién lo ha visto para poder describirlo? ¿Quién puede glorificarlo dignamente? Aún quedan misterios mucho más grandes: tan solo hemos visto algo de sus obras. Porque el Señor lo ha hecho todo, y a los piadosos les ha dado la sabiduría* (*Si* 43, 27-33).

Preguntémonos si nosotros somos contados entre los que han recibido ese precioso don.

3. En ocasiones, nuestros paseos por la montaña o la contemplación del mar pueden procurarnos esa experiencia interior del abismo que se abre entre nuestra pequeñez y la inmensidad de lo que nos rodea. Ocurre que, en ocasiones, antes de dormir o en un rato de distraído pensar, caemos en la cuenta de la grandeza del universo o de la profundidad del amor humano, del querer y del sentir... y nos sobrecoge. Todas esas experiencias tienen que ver con el temor de Dios. Son buenas: nos recuerdan que no hemos perdido la capacidad de asombro ni la conciencia real de las cosas.

En síntesis, el temor de Dios consiste fundamentalmente en esto: darse cuenta de la gran diferencia que hay entre el Creador y la criatura y admirarse por ello. Temer a Dios no significa, por tanto, andar dubitativo considerando próxima la propia condenación o andar horrorizado pensando en Dios como juez implacable. ¿Quién piensa que podrá salvarse por sus obras? ¡Nadie! ni el más virtuoso de los hombres. El cielo, la salvación, es una gracia de Dios. Lo propio del hombre temeroso de Dios es esperarlo todo de Él y, fiado en su palabra, tratar por todos los medios de no ofenderle: tener cuidado para no fallarle.

Otra actitud propia del hombre temeroso de Dios está admirablemente recogida en la respuesta del salmo de hoy: *Dad gracias al Señor porque es bueno, porque es eterna su misericordia* (*Sal* 106, 1). Dios, en la primera lectura, exhortaba a Job a ser agradecido aun en las dificultades, porque Dios sabe infinitamente más. Pregúntate si afrontas tus propias calamidades con ese mismo espíritu de temor y agradecimiento.

En el evangelio hemos contemplado que ese Dios omnipotente está en Cristo, es Cristo; tan amigo, tan próximo, tan nuestro. En Él comprendemos que temor y amor van unidos, porque nos sobrecoge por igual tanto su inmenso poder como su infinita caridad. Nuestra respuesta si somos sinceros será, llenos de santo temor, una reconocida acción de gracias.

DECIMOSEGUNDO DOMINGO. CICLO C

1. Del ardor guerrero al ardor de estómago.
2. No olvidar nunca que el verdadero poder es el servicio.
3. Remover lo que aparta... y dejar a Dios hacer.

1. El coronel celebraba su llegada a la base con una merienda informal. Entre otros, estaba presente el sacerdote castrense encargado de la atención espiritual de los reclutas. En un aparte, mientras miraban por la ventana y hablaban de las nuevas piezas de artillería adquiridas a una factoría alemana, el coronel se sinceró: «Mire, Pater, cuando comencé en el ejército deseaba entrenar como el que más, ser puntual en mis obligaciones y brillar en todas las misiones. Tenía ardor guerrero. Hoy, después de tanta lucha y con todo lo que he visto... creo que ya solo me queda un profundo ardor de estómago».

En la lucha del hijo de Dios, como en la castrense, conviene tener presente que se trata de una guerra por servir más y mejor. Si alguien planteara alguna vez la vida cristiana como una guerra sin cuartel por crecer más que otros, por el poder o por alcanzar los máximos honores será cuestión de tiempo que experimente el sinsabor de la amargura de una vida malgastada en lo que no compensa: ese ardor de estómago que tanto afecta al ánimo.

Con calma, examina ahora qué persigues en tu existencia cristiana: al rezar a diario, al participar en un voluntariado, al estudiar como el que más, al tomar parte en una charla de formación o en una catequesis de la parroquia. Cuando trabajas, ¿te preocupa ser el mejor y estar así por encima de todos?; cuando visitas al necesitado, ¿quieres solamente quedar bien, estar en paz, satisfaciendo tu cuota de caridad?; cuando vas a la parroquia, ¿deseas formación o buscas más bien... la novia que nunca encuentras?

Piénsalo despacio y rectifica tu intención. Trata de seguir el consejo de un santo que, con palabras claras, te guía y conduce por el camino del servicio:

«Que sepas, a diario y con generosidad, fastidiarte alegre y discretamente para servir y para hacer agradable la vida a los demás.

—Este modo de proceder es verdadera caridad de Jesucristo»[1].

2. Jesús ha preguntado a sus discípulos acerca de su propia identidad: *¿Quién dice la gente que soy yo?* (*Lc* 9, 18). Sin embargo, no le basta con saber qué piensan los otros de Él: desea conocer de primera mano qué creen los suyos. Es Pedro quien toma la palabra y afirma con esa seguridad propia del que habla de parte del Espíritu Santo: Tú eres *el Mesías de Dios* (cfr. *Lc* 9, 20).

La palabra *Mesías* –que se traduce al griego por *Cristo*– significa «ungido» y es un nombre de honor y

---

[1] *Forja*, 150.

oficio. La unción era practicada en el Antiguo Testamento sobre los sacerdotes (cfr. *Ex* 29, 7 y 40, 13) y reyes (cfr. *1 S* 9, 16). De este modo, se subrayaba la dignidad de su cargo y se indicaba la acción de Dios sobre aquella persona para hacerla capaz de llevar a cabo la misión encomendada. También hubo costumbre de ungir a los profetas (cfr. *1 S* 16, 13), puesto que eran intermediarios de Dios e intérpretes de su voluntad.

Podemos pensar, no sin razón, que cuando Pedro llama a Jesús *Mesías* tiene en la cabeza todas estas cosas. Al calificarlo como el *Cristo*, reconoce su dignidad como sacerdote de la nueva alianza, como aquel que es capaz de llevar las intenciones de los hombres al trono mismo de Dios. Además, es rey de toda la creación y del nuevo pueblo que está surgiendo: la Iglesia. Y es también profeta, único mediador entre Dios y los hombres (cfr. *1 Tm* 2, 5).

Jesús no le quitó razón al apóstol Pedro. Solo les prohibió decírselo a nadie, atento como estaba al peligro de que lo concibieran como un rey humano, un poder terreno, un líder político. Mediante esta admonición, nos advierte del peligro de comprender el ser y la potencia de Dios al modo carnal, como sometimiento del contrario y búsqueda del propio bienestar. Entender así el poder conlleva dirigir toda la acción al beneficio de uno mismo. Pero ese no es el poder de Cristo... ni debe ser tampoco el poder de los cristianos.

El papa Francisco lo recordó a propósito de su propio ministerio, en la Misa de inicio de su pontificado: «Nunca olvidemos que el verdadero poder es el servicio, y que también el Papa, para ejercer el poder, debe entrar cada vez más en ese servicio que tiene su culmen luminoso en la cruz; debe poner sus ojos en el servicio humilde, concreto, rico de fe, de san José y, como él, abrir los brazos para custodiar a todo el Pueblo de Dios y acoger con afecto y ternura a toda la humanidad, especialmente a los más pobres, los más débiles, los más pequeños; eso que Mateo describe en el juicio final sobre la caridad: al hambriento, al sediento, al forastero, al desnudo, al enfermo, al encarcelado (cfr. *Mt* 25, 31-46). Solo el que sirve con amor sabe custodiar»[2]. Y cada uno de nosotros debería poder aplicarse estas palabras.

3. La potencia del cristiano reside en el seguimiento de Jesucristo, viviendo a lo divino. Entonces, la vida entera se proyecta como servicio a los demás: una caridad diligente que busca siempre el bien del prójimo.

Participar del poder de Cristo es seguir sus huellas en un camino que es salida de todo ensimismamiento y que se manifiesta en una actitud, en apariencia débil, hecha de paciencia, de mansedumbre y de amor. Así, es posible rechazar el mal y abrazar siempre el bien, participando de la gozosa victoria sobre el pecado. Nunca será una victoria definitiva –siempre seremos pecadores– pero vencemos ya cuando ofrecemos al Señor el consuelo de nuestro esfuerzo. «¡Lo intento, Jesús mío! Hago, sinceramente, todo lo que puedo... aunque hay días en que no puedo ofrecerte más que fracasos».

No importan los fracasos, porque un cristiano no debe tener tiempo (ni ganas) para mirarse a sí mismo y buscar la propia gloria. Lo afirmaba ya san Ambrosio: «Cristo no ha querido glorificarse, sino que ha deseado venir sin gloria para padecer sufrimiento; y tú,

---

[2] PAPA FRANCISCO, *Homilía* (19-03-2013).

que has nacido sin gloria, ¿quieres glorificarte? Por el camino que ha recorrido Cristo es por donde tú has de caminar. Esto es reconocerle, esto es imitarle tanto en la ignominia como en la buena fama, para que te gloríes en la Cruz, como él mismo se ha glorificado. Tal fue la conducta de Pablo y por eso se gloría al decir: *Lejos de mí gloriarme sino en la Cruz de Nuestro Señor Jesucristo* (*Ga* 6, 14)»[3]. Es una buena jaculatoria para repetirla muchas veces durante el día rectificando la intención en todo lo que hagas.

---

[3] SAN AMBROSIO, *Expositio in Evangelii secundum Lucam*, citado en *Biblia de Navarra*, 857-858.

DECIMOSEGUNDA SEMANA. LUNES

1. Cuando no tengas nada bueno que decir, cállate.
2. Hablar lo justo. Callar más de lo necesario.
3. Aprender de los silencios de Cristo.

1. Aprovecha para ponerte en presencia de Dios consciente de que te escucha, de que te ve y te oye y de que tiene unas ganas inmensas de pasar este rato contigo. Serénate, guarda silencio, apaga el móvil: estás delante de Dios. Tú y Él. Él y tú.

Lee el evangelio de la Misa, y piensa, luego, cuántas veces en tu vida te has arrepentido de hablar de más. Piensa cuántas veces tu indiscreción te ha llevado a ruborizarte: porque una vez contaste a un pequeño grupo de personas algo que un amigo te había confiado como un secreto y al final la noticia prendió como la pólvora; porque aquella otra vez, estando especialmente emocionado, abriste tu corazón a personas que no eran tanto de tu confianza y luego te fue muy difícil echar marcha atrás; o porque en una ocasión fuiste especialmente crítico con tu prójimo, lo evaluaste con dureza, hiciste un juicio temerario... y luego caíste en la cuenta de tu propia injusticia al verse dañada tu amistad y tu cercanía a esa persona.

Hoy pedimos a Dios el don de la prudencia, también como expresión de caridad. *No juzguéis, para que no seáis juzgados. Porque seréis juzgados como juzguéis vosotros, y la medida que uséis, la usarán con vosotros* (*Mt* 7, 1-2). Pídele a Dios una medida amplia, ancha, llena de comprensión al pensar en los demás. Esa será, al final, la medida que usarán contigo.

De ahí este sabio consejo, que te animo a considerar: «de callar no te arrepentirás nunca: de hablar, muchas veces»[1].

2. Ocurre que, en ciertas circunstancias, uno se enfada y deja salir por su boca cosas que, estando muy al fondo de nuestro corazón, ni las piensa ni las quiere. Es ese punto de pecado y egoísmo que anida en todos nosotros. Brota entonces la respuesta malhumorada a tus padres, los reproches que hemos acumulado en el alma y que lanzamos, como una granada, a los que más queremos: a tu esposo, a tu madre, a tu novia, a tu hija. Da igual: pierdes los nervios y hablas de más, faltando a la caridad y a la verdad, porque tú quieres a los demás mucho más de eso que les estás diciendo.

Aprende a callarte cuando te enojes. Reza un Padrenuestro. Muérdete la lengua. ¡Cállate! Difícil, muy difícil.

San Francisco de Sales pasó a la historia por su dulzura en el trato con los demás. Era pacífico, amable, siempre tenía tiempo, ¡daba gusto estar con él! Recibía

---

[1] *Camino*, 639.

a la gente en su despacho, con una sonrisa, sin ninguna prisa, con toda la atención del mundo. ¡Qué carácter tan benévolo! Cuando murió, se desmontó todo el mobiliario y al dar la vuelta a la mesa descubrieron que estaba absolutamente rallada. Ahí, sí, ahí hincaba sus uñas el buen santo para descargar la tensión porque tenía muy claro que es mucho más deseable descargar la impaciencia o el enfado con el menaje que faltar mínimamente a la caridad mediante juicios agresivos o desmesurados.

La adolescencia es tiempo de enfados increíbles, coléricos, momentáneos: porque uno ve las cosas con tanta claridad como poca madurez. Luego uno se da cuenta: no todo es blanco o negro. Pero, mientras tanto, hay que aprender la paciencia, el silencio.

La edad adulta es aún peor porque los estallidos suelen ir acompañados de reproches añejos: cuánto daño hace a los esposos llevar la lista de los agravios que surgen de los años de convivencia. Normalmente apagamos todas estas cosas, las encerramos en el armario de nuestra alma, pero cuando nos enfadamos...

Pide hoy a Nuestro Señor una mansedumbre eficaz: hablar lo justo, callar más aún de lo necesario y, siempre, caridad. No basta encerrar los agravios en una despensa interior. Hay que perdonar. Hay que intentar olvidar. ¿También esto es muy difícil? Una cosa puedes hacer al menos: reza por esa persona. Una vez y otra, cada vez que te asalten los agravios, reza. Verás cómo, poco a poco, se deshacen y se agranda tu corazón.

3. Aprendamos de la conducta de Nuestro Señor Jesucristo, verdadero Dios y verdadero hombre. De sus palabras y silencios se desprenden por los menos tres modos de actuar.

En primer lugar, Cristo abría su corazón solamente con aquellos que eran sus más íntimos, y no siempre. De hecho, habrá que esperar a los momentos previos a la última cena, cuando su corazón está turbado y su alma rebosante de amor, para descubrir mucho de lo que llevaba dentro. Solo entonces vislumbramos su amor de Pastor por cada una de sus ovejas, su entrega total y el cuidado que pone en prepararnos, junto al Padre, un lugar especialísimo.

Jesús, por otra parte, era exigente con los fariseos y escribas, es decir, con los que desvirtuaban la religión en beneficio propio. ¡Qué duras sus palabras, cuando les reprocha su falta de fe y su poco amor! Les amenazaba: os quitarán todo y se lo darán a otros por vuestra poca fidelidad.

Finalmente, el Maestro de Nazaret guardaba silencio con los impuros. Cuando, pobre, humilde y flagelado fue llevado ante el lascivo Herodes, Jesús no hizo sino callar. «Durante el simulacro de proceso, el Señor calla. *Iesus autem tacebat* (*Mt* 26, 63). Luego, responde a las preguntas de Caifás y de Pilatos... Con Herodes, veleidoso e impuro, ni una palabra (cfr. *Lc* 23, 9): tanto deprava el pecado de lujuria que ni aun la voz del Salvador escucha»[2].

Aprende de Cristo. Toma nota. Haz propósito de serenarte en los enfados, de huir de la impureza y de adquirir criterio para poder un día, como Cristo, denunciar la injusticia.

---

[2] *Via Crucis*, estación 1.

DECIMOSEGUNDA SEMANA. MARTES

1. Lo que hay de sagrado en tu cuerpo y en tu alma,
no lo eches a los cerdos.
2. Apaga la tele y enciende tu alma.
Apartarse de todo aquello que envilece.
3. Bendita sea la pureza.

1. *No deis lo santo a los perros, ni les echéis vuestras per-*
las a los cerdos; no sea que las pisoteen con sus patas y
después se revuelvan para destrozaros (Mt 7, 6), que es
como decir: custodia lo que de sagrado hay en tu corazón y en tu alma.

Sabemos por la fe que Dios habita en el alma en gracia. Es más, nuestros mismos cuerpos son templo del
Espíritu Santo. Desde los primeros siglos los cristianos
han sido conscientes de que no solo nuestra alma sino
también nuestro cuerpo tiene algo de santo, de sagrado,
porque de algún modo es tabernáculo de la vida del Espíritu. Sí: mi cuerpo es un sagrario de la presencia de Dios.

La corporalidad es tan importante que resucitará al
final de los tiempos. Cristo ya ha resucitado verdaderamente «con su cuerpo» y nosotros seremos resucitados
del mismo modo a una vida inmortal.

Hay que darle muchas vueltas hasta que comprendamos su significado: mi cuerpo tiene algo de sagrado. Te saldrá sola la conclusión práctica: cuídalo; no lo des a cualquiera. No derrames tus amores por el camino. Viene el verano y por experiencia sabes que ahora costará un poquito más. Pídeselo a la Virgen: conservar cuanto de bello hay en tu alma y en tu cuerpo, ese tesoro que encuentra expresión en tu forma de caminar, de hablar y de vestir, de relacionarte, «porque la cara es el espejo del alma».

No deis lo santo a los perros... porque luego se volverán para destrozaros. Lucha por tu pureza. En un mundo en que otros compiten por un primer amor, tú pelea por conservar tu alma y tu cuerpo vírgenes hasta poder entregarte de verdad al único amor de tu vida. Minusvaloran la virginidad, la reducen, ironizan. Cuidan mucho de su cuerpo, pero luego no le dan ningún valor. Lo entregan al primero o a la primera que se cruza por sus vidas. No vale nada. Tú calla y no des tu tesoro a nadie. Guárdalo para el amor. Cuídalo para amar.

Y si un día lo perdiste confía en Dios que es bueno y hace nuevas todas las cosas. Él hace nuevos tu alma y tu cuerpo, capaces siempre por su gracia de un amor más grande.

2. Es la senda estrecha del cuidado de lo más íntimo del corazón. *Entrad por la puerta estrecha* (*Mt* 7, 13). Apaga el móvil y enciende tu alma. O lo que es lo mismo, apártate con decisión de todo aquello que reduce tu conciencia a pavesas: la frivolidad de tantas redes sociales, lo paupérrimo de tantos programas, la superficialidad de tantas relaciones. Hasta aquí. Hasta hoy. Lo santo y lo sagrado son para el amor. Haz una pequeña lista, ten deseos de un mayor empeño, renueva tu confianza en Dios y en la Virgen, sé pedigüeño y suplícale que te haga comprender la belleza de la pureza para vivir el amor.

No importa lo que digan: tú persevera. Es ancho el camino que lleva a la perdición... que no es cosa futura, sino presente y bien experimentada por los que viven sus relaciones al margen del amor y abren su cuerpo y su alma a tantos transeúntes que pasan por su vida. Perdición, porque estamos hechos para amar y cuando se vive de otra manera, el cuerpo se marchita, el alma se empobrece, la voluntad se debilita y la esperanza se pierde.

3. Es famoso el caso de una mujer en Estados Unidos que se querelló contra una marca de electrodomésticos porque su perro murió cuando, después de bañarlo, quiso secarlo en el microondas. Lo más curioso es que la empresa hubo de indemnizar a aquella buena mujer.

Hoy parece que jóvenes como tú desearían querellarse contra Dios porque nos ha hecho capaces del amor y de la vida, portadores de un corazón muy grande. Como si dijeran: quiero solo pequeños amoríos; solo goce transitorio; solo hacer, en definitiva, lo que me viene en gana. Algo rápido y sin coste.

Pero este es un caso ganado para Dios, ganado para el amor. Porque si claudicaras de exigencia, ¡qué pobre sería tu vida! Senda estrecha, corazón grande, chico valiente, chica que ama... ¡ánimo!

El testimonio de la pureza, además de convencido, es alegre. Si no haces lo mismo que los demás es porque «eres extraordinariamente feliz» y fidelísimo hasta el final. La pureza es una gozada. Un chico limpio es una maravilla; todas las chicas lo saben. Una chica limpia es mucho más bonita y a los chicos no les debería pasar desapercibida. Si lo niegan es sencillamente porque es mucho más esforzado para ellos.

Vuelve, como hijo, a tu madre amorosa y termina tu oración con esta plegaria que quizá aprendiste de pequeño: «bendita sea tu pureza, y eternamente lo sea, pues todo un Dios se recrea, en tan graciosa belleza. A Ti celestial princesa, Virgen Sagrada María, yo te ofrezco en este día, alma, vida y corazón. Mírame con compasión, no me dejes, Madre mía».

DECIMOPRIMERA SEMANA. MIÉRCOLES

1. Tú eres un árbol bueno de esperanza cierta.
2. Un ejército inmenso nos acompaña en nuestra lucha.
3. El pecado es finito; su misericordia, infinita.

1. Es Jesús que habla con cada uno, con cada una, contigo. Eso es orar: habitar nuestro tiempo en presencia de un Dios que salva, un Dios que llama a la puerta por si alguien le abre (cfr. *Ap* 3, 20). Cristo mendigo a la entrada de los corazones de los hombres, esperando su consentimiento filial. «Entra hasta el fondo del alma, Jesús mío, ni un segundo más en el umbral de mi corazón».

Y Jesús que habla contigo te sugiere al oído palabras de consuelo: los árboles buenos dan frutos buenos, los malos dan fruto malo (cfr. *Mt* 7, 17-18); «...hijo mío, hija mía, tú eres un árbol bueno porque estás aquí, rezando, intentando hablar conmigo, tratando de orar y eso es el fruto más excelente que los hombres pueden dar». Sí: árboles buenos, eso es lo que somos, o queremos ser. Así nos considera Dios.

Por eso, ten esperanza. ¡Espera! Esperanza cierta, tú que eres joven; a ti, que te asalta la inseguridad por tantas dudas en la familia, en el noviazgo, en el matrimonio, en tu fe; a quien sea que lea estas líneas, que pelea por su fe en un mundo muchas veces contrario. Es la palabra de Cristo, es el deseo de Dios. Por eso queremos ser personas que aguardan con una esperanza sólida. Por muchos que sean los árboles malos, nosotros queremos dar frutos preciosos de santidad y de caridad.

Un futuro grande: una familia de verdad, un trabajo santificado, una paz verdadera para los corazones de los hombres. No tengas miedo: habrá, sin duda, frutos para ti, árbol bueno. Tú, por tu parte, acrecienta en la oración tu esperanza. Sal, de este personal diálogo con Dios, con un corazón ilusionado, con un rostro sonriente.

2. Acaba de terminar la guerra mundial. Georg Ratzinger –hermano del Papa Benedicto XVI– reinicia, con sus compañeros, su labor de formación para ser sacerdote. En una de sus primeras clases reconocen a su antiguo profesor, sacerdote, que les confiesa las muchísimas penalidades y tentaciones que le han asaltado durante la guerra. Un alumno le dice, en confidencia, que no sabe cómo ha podido resistir todo aquello, a lo que el profesor contesta: «yo sí que lo sé, fue la oración de mi madre la que me salvó».

Nuestra esperanza de ser árboles sanos que dan buenos frutos está sustentada por la oración de un auténtico ejército de contemplativas. Son mujeres entregadas que han sepultado su vida para vivir en adoración perpetua a Dios y para orar por cada uno de nosotros, que seguimos luchando las peleas de cada día. También cuida de nosotros la vigilancia y el amor del papa; la dedicación de tantos buenos y santos pastores que hay en las parroquias, en los colegios, en las instituciones de la Iglesia; la atención que nos dedican todos esos pastores de la vida cotidiana –¡nuestras madres!– que velan por nosotros y nos guardan: profesores, padres, amigos, compañeros, familiares...

Aunque el mundo fuera –que no lo es– una selva de árboles malos que dan frutos nefastos, recuerda que tú estás aquí para dar mucho, muchísimo fruto.

¡Qué consoladora convicción! «Señor, contigo sí puedo».

3. Recuerda: el pecado es finito, la misericordia de Dios ¡infinita!

Mira a David. No resistió la tentación: hizo caso a la pereza, miró con curiosidad, deseó a Betsabé, se dejó llevar por su pecado, se empecinó en él y lo que comenzó como un simple fisgoneo le llevó al adulterio y acabó en el homicidio de Urías, un hombre justo e inocente. David: Pecador con mayúscula.

El profeta Natán acude a la corte con la palabra de Dios y duramente pone al rey frente a su propia culpa: pecaste en secreto, pero yo lo pondré a plena luz, a la vista de todos. Despreciaste a Dios, blasfemaste contra el Señor (cfr. *2 S* 12, 12-14). Palabras durísimas para reprochar un pecado enorme. Pero la historia no acaba ahí.

David reconoce su culpa y pide perdón a Dios. Y Natán, inspirado por Él, dice: el Señor perdona tu pecado, no morirás (cfr. *2 S* 12, 13).

Ocasionalmente daremos frutos malos. Caeremos tantas veces: no cabe duda de que hay ramas podridas en nuestra alma, conviene no olvidarlo. Sin embargo, el perdón de Dios será siempre mucho mayor que nuestros tropiezos.

¿David te parece muy lejano? Mira a Pedro: valeroso, entregado, amigo verdadero del Señor. El nuevo Testamento, siempre parco en sus declaraciones, sucinto en sus descripciones, exacto en sus narraciones, no ahorra una sola tilde al calificar las infidelidades de Pedro: cuando se convierte en tentación para Cristo al sugerirle que huya de la cruz o cuando le niega ¡por tres veces! tras haberle prometido una fidelidad eterna.

David y Pedro cayeron. Así somos cada uno de nosotros. Nacimos con el pecado original, pecamos de continuo, pero Él –porque nos quiere– nos hace árboles nuevos y resistentes. Basta que sepamos pedir perdón y nos levantemos de nuevo. ¿Cuándo aprenderemos la lección?

DECIMOSEGUNDA SEMANA. JUEVES

1. La vieja prodigio.

2. Ochenta años de gravedad.

3. Admirados por la palabra de Jesús.

1. Se hizo famosa en el valle. A su edad de ochenta y seis años aún daba conciertos. El piano era lo suyo. Hay que entenderlo bien: conciertos «a pequeña escala». No eran audiciones en la mejor sala, sino reuniones en su propia casa: tocaba estupendamente y después había una merienda aún más enjundiosa. Pequeños y adultos iban con gran ilusión a los agradables recitales de la anciana, ya por el refrigerio, ya por la música o quizá por ambas cosas.

La gente de fuera se preguntaba desde cuándo llevaría tocando el piano porque lo hacía «demasiado» bien. A veces incluso le preguntaban: «¿Empezó usted de joven?»; y ella siempre contestaba jovialmente: «En absoluto. La primera vez que toqué un piano fue pasaditos los setenta». Su respuesta ocasionaba estupefacción y al ver la cara de sorpresa de los interlocutores, la anciana añadía divertida: «Deben entender que soy un caso especial: soy una vieja-prodigio».

Una vieja-prodigio. Ciertamente. Porque lo prodigioso no es aprender siendo joven sino ser capaz de hacerlo siendo anciano. Es natural que un niño sea reprochado, varíe su conducta, aprenda y cambie. Es muy difícil que un adulto –y aún más un anciano– siga luchando como el primer día: se ha perdido fuerza y el peso de los hábitos es, en ocasiones, enorme.

Hoy es un día para considerar en nuestra oración la posibilidad de llegar a ser también nosotros, el día de mañana, «viejos-prodigio». Habla con Dios de la perenne juventud de tu alma cuando Él está contigo. Medítalo despacio. Verás cómo no hay peso –de hábitos, de derrotas, de rollos– que no puedas levantar, si Él te lo propone. Si crees que debes dar un paso en tu vida, piensa que Dios no pide nunca más de lo que podemos dar, más aún, nos da la gracia para darlo. Así que ánimo en tu lucha: tú puedes ser un «viejo-prodigio».

2. Edificados sobre roca, otra indicación de lo que estamos llamados a ser. El ejemplo lo pone nuestro Señor en el evangelio: la casa que está sobre cimiento firme no se caerá cuando los ríos se salgan de madre, cuando acometan las tormentas y vengan los torbellinos porque está bien fundamentada. Todo lo contrario de aquella otra que pone sus cimientos en la fragilidad de la arena (cfr. *Mt* 7, 24-27). ¿Quieres saber si estás edificado sobre roca? Atención: ahí van unos indicios.

Primero, serenidad. Pregúntate: ¿estoy habitualmente sereno? ¿Tengo paz? Porque, como sabe cualquier persona madura, «nunca pasa nada». Cuando era un joven sacerdote, san Josemaría pedía a Dios ochenta años de gravedad, o sea, la experiencia, la ciencia, el saber hacer y comportarse de un señor de ochenta años.

Porque cuando uno ha visto muchas cosas, pocas le turban.

Recuerdo algo que presencié en un pueblo de la sierra. Un chico joven estaba aparcando con prisa. Seguramente tenía que hacer mil cosas. Además, no era del lugar. Total que, dando marcha atrás con la furgoneta, no vio que había un coche justo detrás y le dio un toque sensacional. Como suele ocurrir, para la furgoneta no fue nada, pero al coche le hundió el parachoques. El joven bajó precipitadamente, hecho una pila. No sabía qué hacer, iba y venía y, como no había conductor, dejó una nota en el parabrisas del vehículo accidentado. Agobiadísimo como estaba, recibió un comentario de un anciano que, apoyado en su bastón, había visto la escena completa: «Vaya, chaval, me temo que le has estropeado el día». El viejo ni enarcó la ceja.

«Serenidad»: todo tiene solución. «Autodominio», o lo que es lo mismo: hacer el propósito, delante de Dios, de no perder más la calma por pequeñeces. Ni lluvias, ni ríos, ni tormentas hacen caer la casa pero a ti, tantas veces, te tumba un sirimiri, un simple calabobos: un pequeño retraso, tu novio que no llama, la novia que te planta por quedar –una vez más– con sus millones de amigas, una nueva trastada de tu hijo...

¿Así quieres servir a Dios, atajo de nervios, casa fundada sobre arena?

3. Al término de nuestra oración, nos sobrecogemos con la reacción de quienes oyen hablar a Jesús: la gente estaba admirada de su enseñanza, porque les enseñaba con autoridad, y no como los escribas (cfr. *Mt* 7, 28-29).

En general es comentario de chicas. Termina una charla, una clase, una sesión y ellas comentan: «habla muy bien». Ellos, en cambio, apenas han escuchado: están más pendientes del resultado de su equipo en *Champions*. Sin embargo, ante Jesús, «todos» podemos y debemos admirarnos de su enseñanza.

Porque habla muy bien, porque es bonito escuchar a Jesús y porque sigue siendo apasionante recibir su palabra. Es dulce su voz, es exigente su llamada, es fuerte su autoridad; es la Palabra expresada con voz humana.

Sus palabras son palabras de vida eterna, que dan esperanza y vida a los corazones de los hombres. ¡Cuánto recibimos de Cristo!: todo... Palabras de consuelo en la tristeza (*estoy con vosotros hasta el final*, Mt 28, 20), de compañía en la lucha (*sin mí no podéis hacer nada*, Jn 15, 5), de fruto en la entrega (*el que crea en mí... de sus entrañas manarán ríos de agua viva*, Jn 7, 38).

Palabras de esperanza dirigidas a los corazones de los hombres, para henchirlos de ilusión por el futuro y forjarlos para el sacrificio.

Así quiero yo también, Jesús mío, acabar mi oración: admirado por tu palabra.

DECIMOSEGUNDA SEMANA. VIERNES

*1. Dios actuando inmediatamente a través
de la naturaleza humana.*
2. Partícipes de la naturaleza divina.
3. Él es quien hace las cosas.

1. Era su primera intervención en el auditorio nacional y la joven orquesta daba, por así decir, su salto a la fama. Más de ochenta chicos y chicas de toda la geografía nacional se encontraban ya en el umbral de su más grande actuación. La quinta de Beethoven, entre otras piezas. Sus familiares y amigos ocupaban buena parte de los primeros puestos. Gran expectación.

Todos estaban nerviosísimos esperando la entrada del primer violín, un virtuoso nacido en Hungría educado desde los tres años en el arte de la música. Nadie podía esperar lo que de hecho sucedió: József se puso en pie, elegantemente vestido con su traje bien planchado, nuevo quizá, y con una imponente pata de jamón de jabugo entre las manos. Quizás la escena te haga sonreír, pero te aseguro que a sus compañeros de orquesta no les hizo ninguna gracia. El enojo fue en aumento cuando József se echó el jamón al hombro, haciendo que lo tocaba como si de un violín se tratase.

Mediante ese gesto, el joven húngaro quiso significar algo y el método resultó tan efectivo como transgresor. Aun cuando la orquesta reprodujera a la perfección la obra del maestro, nunca llegaría a acercar al auditorio, siquiera un mínimo, a la belleza suprema y trascendental de la música. Sería solo imitación, intento vano. La belleza queda más allá de lo que un humano pueda representar.

Hoy leemos en el evangelio la curación del leproso. Este hecho milagroso se obró por el tacto de Cristo: *extendió la mano y lo tocó* (*Mt* 8, 3). Pensar que la naturaleza humana pueda sanar con el simple hecho de tocar es tan absurdo como intentar que un jamón reproduzca la armonía del violín. Supera su capacidad, transciende sus posibilidades: va más allá de lo que naturalmente puede hacer.

Solo un aspecto del evangelio de hoy hace razonable la escena: tocando Cristo es Dios mismo el que toca. Pensadas así las cosas, la humanidad de Jesús toma una relevancia quizá antes insospechada: Dios quiso servirse de nuestra pobre naturaleza para obrar acciones maravillosas, llenas de ternura y amor, plenas de salud y liberación, ¡divinas! Se unió de tal manera a la naturaleza humana en Jesucristo que esta pobre carne es capaz de un obrar sobrenatural.

¿A dónde va esta reflexión? A poner de manifiesto que no es en absoluto inútil el esfuerzo de unirnos más a Dios por medio de un plan de vida espiritual exigente y de una mortificación constante. ¡También nosotros queremos que Dios cure y dé ánimos a nuestros amigos a través de nuestra pobre humanidad! Y la eficacia de nuestra acción depende –muy directamente– de lo unidos que estemos a Dios.

2. Jesucristo podría haber obrado el milagro por medio de la palabra o, aún más, haber despedido al leproso sin curación. Sin embargo, quiso curarle «así».

La acción de Dios no se ve disminuida por la incapacidad del instrumento. Su potencia es inefable y su poder, maravilloso. Los contemporáneos de Jesús se estremecían al contemplar su señorío. El viento y el mar le obedecen; por su voz resucitan los muertos y por su tacto sanan los enfermos. Cura los corazones y restablece los cuerpos: se ocupa de todo lo que preocupa a los hombres.

Este estupor ante las acciones maravillosas de Dios se ha prolongado admirablemente en la vida de los santos. Ellos mismos se han visto sobrecogidos de temor al ver los milagros obrados por sus manos. Se sabe que san Felipe Neri participó en la resurrección de algunos y no son raros los casos en los que los santos, merced a la acción de Dios, cooperaron en la curación de muchos. Es Dios quien actúa y que, pudiendo hacerlo inmediatamente, juzga oportuno llamar a los hombres a cooperar en una actividad que les supera en modo infinito.

Esta es, y no otra, nuestra vocación de hijos de Dios: participar de la naturaleza divina. Ser cristiano es una gracia inconmensurable porque es llamada a una misión sobrecogedora: cooperadores de Dios. ¿No te parece maravilloso? Tanto como si el buen jamón de jabugo fuera capaz de reproducir la más exquisita pieza de música. Más que eso. Mucho más.

3. No es extraño que nosotros –pobres hombres y muje-res– experimentemos zozobra ante la llamada de Dios. Es natural sentirnos así, especialmente si somos cons-cientes de nuestra propia debilidad. Una falsa presun-ción que nos hiciera pensar que podemos con todo sería nuestra segura perdición. Por la sencilla razón de que no es verdad. Por la sencilla razón de que es mentira.

Podemos responder a su llamada, únicamente, por-que Dios nos hace capaces. Perseveramos, solo, porque Dios nos hace perseverar. Somos fieles porque Él em-peña su gracia para nuestro crecimiento. En definitiva, somos cristianos por la gracia y continuamos siéndolo merced a la infinita bondad de Dios y a su inacabable poder.

La convicción de que el protagonista de todo *esto* es Él tiene una repercusión precisa en nuestra vida. En pocas palabras, todo lo que nosotros podamos hacer se encamina a un único objetivo: dejar expedito el camino para que la gracia de Dios actúe. Como el agua se abre paso entre las rocas y llega a permear la tierra, así la gracia de Dios es capaz de perfumar nuestra alma de su buen olor a pesar de nuestros pecados e imperfec-ciones. No obstante, debemos renovar el empeño por remover toda dificultad y dejarnos hacer por Dios. Lim-piar las acequias del campo de nuestra alma. Limpia. Piensa: ¿hay algo que me separe de Dios?, ¿reconozco en mi alma sombra o realidad de amor al mundo –o a mí mismo– que me separan de la inefable acción del Es-píritu santificador? Pídele luces al Señor: «luz para ver y fuerza para quitar todo lo que me separe de Ti».

DECIMOSEGUNDA SEMANA. SÁBADO

1. La vocación de Jesús: llevar nuestras enfermedades.
2. Hazte niño para agradarle.
3. Dos propósitos: comulgar bien y pedir perdón.

1. Es muy grande la sensibilidad de san Mateo. Se percibe con claridad no pocas veces en su evangelio y concretamente hoy. Estuvo asistido por el Espíritu Santo y, a la vez, tuvo una inteligencia aguda. De todo se sirve el Señor.

Jesús llega a Cafarnaúm y encuentra al centurión que allí reside. Ha salido a buscarle porque su siervo está enfermo. El Salvador se ofrece para ir a la casa del oficial militar pero este rehúsa la oferta: le basta la palabra de Cristo. Jesús *se admira* –piénsalo despacio: ¡Jesús se admira!– y a viva voz se deshace en halagos hacia la fe del centurión: *En verdad os digo que en Israel no he encontrado en nadie tanta fe* (Mt 8, 10).

Luego, cuando llega a casa de Pedro con ánimo de descansar, encuentra a la suegra de este enferma. Y la cura sin mediar palabra. Finalmente, al anochecer, llevaron a presencia de Jesús toda clase de endemoniados y enfermos, a los que liberó gracias a su palabra y a su poder divino.

Solo al llegar a este punto, san Mateo –judío, apóstol, evangelista y santo– añade: *para que se cumpliera lo dicho por medio del profeta Isaías: «Él tomó nuestras dolencias y cargó con nuestras enfermedades»* (*Mt* 8, 17). En el fondo, es como decir: «Cristo se hizo sufrimiento, el Verbo Dios se ha hecho dolencia, para curarnos siempre».

Sí, es verdad. Jesús se echó encima todo aquello que podía sustraernos mínimamente la esperanza: el sufrimiento, la dolencia, el pecado mil veces repetido. La vocación de Cristo fue, según la interpretación de Mateo, sufrir por los hombres, por ti y por mí. No dejes pasar este tiempo sin darle las gracias. Seguro que encuentras en tu misma vida muchas ocasiones en que has sentido su cercanía.

2. Volvamos un momento atrás, al encuentro con el centurión. Cristo *se admira*, se sobrecoge... ¿por qué? Por la fe de aquel hombre. Dios todopoderoso, conocedor de todas las cosas, es capaz de maravillarse ante la fe de los hombres, ante esos gestos de confianza y de entrega. Puede que en sí mismos sean pequeños, pero son grandes para nosotros, pues va en ellos todo nuestro amor. Todo un Dios se admira ante el amor de su criatura.

Y ahora, rezando, nos hacemos niños. Sí, niños pequeños, muy pequeños, que quieren agradar a Dios y mover su corazón de Padre. Imagínate ante Él como aquella niña de seis años que gritaba desde la cocina al invitado que esperase, que tenía una sorpresa. Se presentó corriendo en el salón, se puso delante de él, muy cerca y con las manos detrás de la espalda, le dijo con cariño: «esta es mi sorpresa: este dibujo... y un beso». Y después de darle el dibujo y el beso, salió otra vez corriendo presa de una cierta vergüenza, al tiempo que las almas adultas se conmovían por su candidez.

¿Ñoño? ¡Niño! Niños somos delante de Dios, para conmoverlo en su misma esencia divina. Así –si eres niño, y niño de verdad– seguro que Jesús se admirará contigo. Serás uno de esos hijos que tienen para Él una sorpresa: tu lucha, los sacrificios que te cuestan el estudio, levantarte a la hora, rezar ese poquito cuando toca. Una sorpresa y algo más.

3. *En verdad os digo que en Israel no he encontrado en nadie tanta fe* (*Mt* 8, 10). La Iglesia ha percibido la importancia de esas palabras de Jesús y por eso ha introducido la declaración del centurión en un momento decisivo de la liturgia: *Señor, no soy digno de que entres en mi casa, pero una palabra tuya bastará para sanarme.* Él no lo sabía, pero desde entonces millones de personas lo han repetido a lo largo de la historia. Lo rezan cada domingo, cada día; existen miles de composiciones musicales, se han recitado centenares de miles de jaculatorias: «Señor, tu palabra basta...». Aún más: se ha traducido a todos los idiomas posibles. Es *trending topic* perpetuo.

Quisiéramos mover el corazón de Jesús a una admiración semejante a la de entonces. Ojalá, al escuchar las palabras de tu oración, pueda sobrecogerse de nuevo por tu piedad y decir que «hasta ahora no había encontrado en nadie tanta fe».

Examina ahora tu modo de rezar antes y después de comulgar. Despacito, sin prisa: si te preparas bien, si llegas a la iglesia con tiempo antes de la Misa; si procuras no estar distraído durante el sacrificio del altar; si te acercas a comulgar con devoción, sabiendo que están todos los ángeles y los santos pendientes de tu amén. Piensa si, al acabar la Misa, tienes un rato para Jesús. ¿Un rato? Unos minutos. Él está corporalmente presente dentro de ti unos diez minutos: ¿cómo los aprovechas? Considéralo: si repasas las intenciones por las que quieres pedirle, si le das las gracias por ¡tantas cosas!, si tienes un devocionario a mano (hoy, más que nunca, «no ocupa lugar»), para dirigirte al Señor con esas oraciones que la Iglesia ha atesorado a lo largo de los siglos: la oración a Cristo crucificado, el *Adoro te devote*, las que se dirigen a la Virgen y a san José, las oraciones de san Alfonso para cada día de la semana.

Piénsalo despacio, al tiempo que le pides perdón. Nacerá solo, un perdón sincero por tantas infidelidades y tantas pérdidas de atención, una petición llena de esperanza:

«Dios mío, me arrepiento y me duelo de mis pecados con todo mi corazón, porque pecando he merecido tu castigo y aún más porque te he ofendido a Ti, Dios infinitamente bueno y digno de ser amado sobre todas las cosas. Propongo con tu santa ayuda no ofenderte nunca más y huir de las ocasiones próximas de pecado. Misericordia, Señor, perdóname».

DECIMOTERCER DOMINGO. CICLO A

1. Intimidades de una santa.

2. No anteponer nada.

3. Necesidad de testigos.

1. El 16 de mayo de 2004 tenía lugar en la Plaza de San Pedro de Roma una celebración especial; el Papa canonizó a seis Beatos. Podía haber sido una celebración de tantas como se han sucedido en el Vaticano, pero esta tuvo algo distinto: una de las personas inscritas en el catálogo de los santos era una madre de familia italiana y entre el pueblo asistente a la ceremonia se encontraban su marido y sus cuatro hijos; único caso de momento en el que una persona haya asistido a la canonización de su cónyuge. Santa Gianna Beretta Molla –que así se llamaba la santa– descubrió que el amor a Dios y a su marido no es que solo fueran compatibles, sino que se implicaban mutuamente en su vocación matrimonial. Se conservan numerosas cartas de su época de noviazgo en las que la joven Gianna vierte su intimidad, no me resisto a copiar una de ellas, escrita pocos días antes de su matrimonio:

«Queridísimo Pietro: Cuando pienso en nuestro gran amor no puedo hacer más que agradecerle al Señor. Es verdad que el amor es el sentimiento más hermoso que Dios nos ha dado y siempre nos amaremos como lo hacemos ahora, Pietro.

Mi queridísimo Pietro, muchas gracias por todo. Quiero decirte lo que siento, lo que está en mi corazón, pero no puedo. Pero tú ya sabes mis sentimientos así que sabrás entenderme.

Queridísimo Pietro, estoy segura que siempre me harás tan feliz como lo soy ahora y que el Señor escucha nuestras oraciones que vienen de nuestros corazones que es amarlo siempre y servirlo de forma santa.

Pietro, cuántas cosas tengo que aprender de ti. Eres un claro ejemplo para mí y te lo agradezco. Con la ayuda y bendición de Dios vamos a hacer todo lo que podamos para crear una nueva familia, un pequeño cenáculo en donde Jesús reine sobre nuestros afectos, deseos y acciones.

Mi Pietro, nuestra boda será en unos días y me siento tan conmovida de estar tan cerca de recibir el sacramento del amor. Trabajaremos con Dios y su creación. De esta forma vamos a poder darle hijos que lo amarán y servirán.

Pietro, ¿seré capaz de ser la esposa y madre que siempre has querido? Eso espero porque lo mereces y te amo demasiado. Te envió un beso y un abrazo con todo mi amor. Gianna».

A la vista de la grandeza del amor humano uno llega a pensar si verdaderamente lo hemos gustado como lo gustó esta santa.

2. El evangelio de hoy ha podido sorprendernos, incluso a alguno le puede hacer tambalear los cimientos de su corazón (cfr. *Mc* 12, 28ss.); ¿nos pone Jesús contra la espada y la pared? ¿Nos está pidiendo que renunciemos totalmente a nuestros amores humanos por Él? ¿Nos da a elegir entre los demás y Él? ¿Tenemos que ser todos curas o monjas o frailes?

Estas son algunas de las preguntas que pueden sobrevenirnos después de leer este pasaje. Pero Jesús nos habla de algo mucho más profundo.

El Maestro les está explicando a sus oyentes en qué consiste ser discípulo suyo; no se trata de una amistad más, de una relación más entre tantas; la amistad con Cristo es exclusiva y totalizadora, *amarás a Dios con todo tu corazón, con tu alma, con toda tu mente, con todo tu ser* (*Mc* 12, 30). Jesús solo les está pidiendo que ordenen sus amores; de esta manera cabe todo el mundo y se dilata la capacidad del corazón humano. La única manera de no ceder al egoísmo es colocar a Dios en el centro de nuestros afectos, de nuestros pensamientos, de nuestra vida.

«No anteponer nada al amor de Cristo. En esto consiste la santidad, propuesta que vale para todo cristiano y que es una verdadera urgencia pastoral en nuestra época, en la que se siente la necesidad de arraigar la vida y la historia en sólidas referencias espirituales»[1]. Los santos, como hemos visto en la carta del inicio, son aquellos que saben armonizar todas sus relaciones desde Dios; trabajo, matrimonio, amigos, diversión; nada lo anteponen a Cristo.

---

[1] BENEDICTO XVI, *Ángelus* (10-07-2005).

En tu noviazgo, en tu matrimonio, en la relación con tus hijos o padres, en el trabajo, ¿está todo supeditado a Dios? Tantas veces podemos poner por delante nuestros intereses, nuestros gustos, nuestro placer, nuestra autosatisfacción, nuestro orgullo, nuestra reputación. Es muy fácil corromper esas relaciones humanas que bien vividas nos pueden llevar a Dios, pero vividas de manera egoísta nos arrastran lejos de Él y a nuestra propia infelicidad.

3. Quizá los apóstoles lo pudieron tener más difícil, todo les pillaba de nuevas y no tenían referencias; a ellos les tocaba abrir camino. Nosotros contamos con la rica experiencia de la vida de la Iglesia que nos ha enseñado que no se trata de hacer cosas raras, de mutilar nuestros sentimientos y afectos, sino de vivir ordenadamente.

Se trata de ya no vivir para sí mismos, sino para Cristo: esto es lo que da pleno sentido a la vida de quien se deja conquistar por Él. Ha de ser una pregunta recurrente en nuestro examen de conciencia diario: ¿vivo para mí mismo o para Dios? ¿Para mí o para los demás? ¿A quién busco detrás de cada una de las cosas que realizo?

Y no pensemos que esta forma de hablar está ligada al aburrimiento o al hastío, debemos devolver a la vida cristiana –con nuestro ejemplo de coherencia y radicalidad– el carácter atrayente que tenía en los primeros siglos de cristianismo. Hemos de darnos cuenta, nosotros los primeros, de que nuestro encuentro con Jesús es lo mejor que nos ha pasado nunca, lo que nos define, lo que nos explica. Sin manifestaciones públicas ni rótulos en nuestra frente, pero sí con el ejemplo de relaciones limpias, auténticas, atractivas; porque brotan del deseo de entregar una vida. No buscamos a los demás por lo que puedan darnos, sino por sí mismos; no buscamos dobles intenciones en lo que hacemos, solo la alegría de vivir.

Cada encuentro personal con Jesús en la oración, en la Misa, en un rato de adoración eucarística tiene que hacernos ponderar de nuevo la fortuna que significa ser cristianos; y eso se transparentará en nuestro modo, no solo de concebir la vida, sino de vivirla. «En la Iglesia el primer medio de evangelización consiste en un testimonio de vida auténticamente cristiana, entregada a Dios en una comunión que nada debe interrumpir y a la vez consagrada igualmente al prójimo con un celo sin límites. "El hombre contemporáneo escucha más a gusto a los que dan testimonio que a los que enseñan –decíamos recientemente a un grupo de seglares–, o si escuchan a los que enseñan, es porque dan testimonio". San Pedro lo expresaba bien cuando exhortaba a una vida pura y respetuosa, para que si alguno se muestra rebelde a la palabra, sea ganado por la conducta. Será sobre todo mediante su conducta, mediante su vida, como la Iglesia evangelizará al mundo, es decir, mediante un testimonio vivido de fidelidad a Jesucristo, de pobreza y desapego de los bienes materiales, de libertad frente a los poderes del mundo, en una palabra de santidad»[2].

---

[2] San Pablo VI, *Evangelii nuntiandi*, 41.

DECIMOTERCER DOMINGO. CICLO B

1. *Buscó un médico: encontró a Dios.*

2. *¡Mi niña está en las últimas!*

3. *No temas: basta que tengas fe.*

1. Jesús a la orilla del lago. Nos lo imaginamos rodeado de gente de toda clase y edad: las aguas quietas, el ambiente sosegado, el público escuchando, quizá algún niño juega y todos están pendientes de la boca del Maestro. Hablan de todo: de la vida, de la muerte, de los problemas de lo cotidiano, de otras alegrías. Era una tarde apacible: Cristo con los suyos. Es bonito pensar que nuestra oración sea lo mismo: Cristo con nosotros, Cristo conmigo, para hablar de todo lo que Él quiera, de todo lo que tú quieras: tus ilusiones, tus fracasos, tus problemas, tus alegrías. Todo lo tuyo le interesa y todo lo suyo debería interesarte.

A no mucha distancia un padre de familia sufre: es Jairo, uno de los jefes de la sinagoga. Está viendo a su hija morir. ¡Qué experiencia tan llena de angustia! Imaginemos una niña no muy pequeña, de doce años, aún llena de inocencia; la hija de Jairo, la niña de Jairo. Poco a poco se congrega una pequeña multitud en su casa:

van a llorar y a consolar a los padres, van a acompañar a una familia atribulada. Jairo se lamenta, se queja a Dios y se pregunta qué ha hecho mal. La niña sufre en la cama y él muere de pena.

El padre saca fuerza para recibir con semblante pacífico a los visitantes que llegan. Uno le dice que acaba de llegar en barca de la otra parte del lago y que no sabía que Jesús estaba allí. Un comentario de pasada que para Jairo fue una luz en el corazón. Llevaba muchos días sin salir de casa velando a su hija: no se enteraba de nada de lo que pasaba en la ciudad. «¿Está Jesús aquí? ¿De verdad?». Conocía que el Nazareno había hecho obras milagrosas y había escuchado con gusto las noticias que le llegaban de su predicación. Como tantos otros, tenía dudas de que quizá fuera un embaucador, pero, con todo, la situación era desesperada. ¿Por qué no?

Atropelladamente salió de casa sin decir nada, ante la sorpresa de propios y extraños. Al traspasar el umbral de aquella puerta, Jairo sabía que se arriesgaba a no ver morir a su hija y recordar su ausencia toda su vida. Sería un minuto: «no puede morir ahora –pensaba–. Voy a Jesús y vuelvo corriendo. A lo mejor él puede ayudarnos. Tengo que intentarlo».

Le gritaban que a dónde iba, pero él solo corría; corría al encuentro con Jesús. Asumió el riesgo, buscó al curandero y encontró a su Dios.

Y así nosotros, con la misma valentía, queremos salir en nuestra oración al encuentro de Cristo.

2. *Mi niña está en las últimas* (*Mc* 5, 23). Palabras dolorosas que, como filo de espada, atravesaron la armoniosa reunión de Jesús con los suyos, dejando los corazones partidos y las almas heladas. Todos miran estupefactos a Jairo. «¡Mi hija está en las últimas!». Gritó de nuevo; después rompió a llorar. La angustia del corazón noble es grande. Ahora ya solo lloraba.

Silencio. Una mirada: Jesucristo que sufre con el drama de los hombres. Luego le veremos llorar a lágrima viva por la muerte de su amigo Lázaro: Cristo padece. Además, podemos imaginar que conocía a esa niña. Cafarnaúm no era muy grande. Había hablado muchas veces de la sencillez de los niños y de la gran benevolencia que le inspiraban. Es más: los había puesto de ejemplo y solo siendo como ellos se puede llegar al reino de los cielos.

Cristo mira a Jairo. Jairo no mira a nadie. Todos miran al suelo. Silencio total roto solamente por el batir de las olas en la orilla del lago.

«¡Jesús, ayúdame!», podemos decirle nosotros en este rato de oración. Quiero un corazón como el de Jairo para gritarte con la fe del que ama, con la fe del que espera, con la fe del que sufre. ¿Quién está en las últimas en nuestra vida? A lo mejor es la salud de un familiar tuyo o de tu propia alma: un vicio que no logras quitar, una virtud que no hay manera de alcanzar, un amor por el que darías tu vida, unos hijos cuyo futuro te inquieta, una esposa o esposo que están tristes.

Reproduce en tu oración esta escena. Eso es rezar. El mar, la gente, las olas, el sol... y Cristo que habla y tú interrumpes.

3. Jesús se pone en camino. Jairo le agarra del brazo, para que camine deprisa, para que corra. No debe quedarle mucho a la pequeña. «¡Corre, Jesús, corre! Dios de mis amores, Dios de mi esperanza, corre al encuentro de mi alma que sufre, de las almas que mueren!». La muchedumbre del lago acompaña a Jairo y a Cristo: están sobrecogidos.

Un imprevisto. Una mujer –otro día rezaremos con ella– se interpone en el camino. La hemorroísa, enferma e impura legalmente, había estado escuchando al Maestro oculta tras unos matorrales porque su enfermedad le impedía siquiera «tocar» a nadie, pues quedaría tan impuro como ella. Pero la luz de Cristo le había fascinado y su fe grande le llevó a pensar que solo tocándole sanaría.

Lo cierto es que todo aquello retrasa al Maestro. Se para. Jairo desespera. «¿Por qué te paras, Jesús? ¿No ves la necesidad de los hombres?». El Señor quieto, la mujer temblorosa, Jairo desesperado. Llega alguien de casa del jefe de la sinagoga y le da la terrible noticia: *La pequeña ha muerto. ¿Para qué molestar más al maestro?* (*Mc* 5, 35).

Jairo, entre triste y desesperado, confuso respecto a Cristo, le dice que se vuelva donde sea: «no hace falta que vengas». Es grande la amargura de su corazón de padre que quizás pensaba: «no he dado la mano a mi niña cuando moría porque este Jesús me ha retrasado a causa de esta mujer impura».

Mientras comienza a crecer el rencor en el triste corazón de Jairo, Cristo resucita su alma, como pronto resucitará el cuerpo de su hija: *No tengas miedo, Jairo, basta que tengas fe* (*Mc* 5, 36) La fe de la hemorroísa, la fe de los santos... la fe que deseamos tener tu y yo. El final de la historia, ya lo conoces.

Escucha ahora mismo, como si fuera la primera vez, la voz dulce de Jesús que, cargada de autoridad, te dice al oído: «no temas, basta que tengas fe».

DECIMOTERCER DOMINGO. CICLO C

1. Te has olvidado de ser pobre.
2. Sin lugar donde reclinar la cabeza.
3. La afirmación radical de un Dios crucificado.

1. Solo la sabiduría del anciano Padre César calmó la turbación que sacudía su alma. Desde que había llegado al Chad, el Padre Carlos se había entregado en cuerpo y alma a su labor. Bien sabía él cuando entregó su vida a Dios en los Padres Blancos que ya no se pertenecía. Era «por» y «para» la misión. Su parroquia, su radio de acción en la médula misma del país africano, abarcaba los términos de 2100 kilómetros cuadrados: un rectángulo perfecto de setenta kilómetros por treinta. Con una camioneta o *pick-up*, como lo llamaba él, recorría sin descanso las misiones.

Nada más aterrizar comprendió la necesidad de hacer algo para paliar la falta de alimento y la incultura. Eran hombres que apoyaban sus creencias en una vaga religiosidad supersticiosa. Y sus campos de cultivo eran azotados por la desertización inmisericorde que avanzaba a un ritmo de siete kilómetros al año.

Después de haber fundado dos pequeños dispensarios y varias capillas; tras haber bautizado a miles de niños y adultos, asistido a innumerables matrimonios, formado a hombres y mujeres que, gracias a su labor, prosperaban maravillosamente, el Padre Carlos desfalleció. Llevaba varios meses como triste. Sí: hacía lo mismo que antes, aparentemente con la misma intensidad, pero por dentro había cansancio y hastío.

Su compañero misionero rara vez estaba con él. Se lo impedía la edad. Hacía tiempo que venía observando esa sombra de pesadumbre que empañaba todo el obrar de su hermano en religión y desde entonces lo encomendaba intensamente en Misa. La ocasión se le brindó cuando en una de esas maravillosas tardes africanas, donde el sol se hace gigante al ocultarse en el ocaso. Entonces Carlos abrió su alma.

La respuesta no se hizo esperar: «Mira Carlos –le contestó el anciano sacerdote–, deseas encontrar satisfacción en todo lo que haces... y te has olvidado de ser pobre y de buscar solo la gloria de Dios. Jesús dice en el evangelio que el hijo del hombre no tiene dónde reclinar la cabeza y tú la apoyas continuamente en la eficacia de tus obras. ¿Cuándo te vas a fiar de verdad de Él?».Quizá esas palabras podría habértelas dirigido a ti.

2. *Mientras iban de camino, le dijo uno: «Te seguiré adondequiera que vayas». Jesús le respondió: «Las zorras tienen madrigueras, y los pájaros del cielo nidos, pero el Hijo del hombre no tiene donde reclinar la cabeza»* (*Lc* 9, 57-58).

Para el que quiere ser apóstol es condición necesaria seguir al Señor también en esto. No encontrar lugar dónde reclinar la cabeza no significa andar de un lado para otro sin descanso, agotado por un imparable que-hacer. En ningún caso se refiere el Señor al activismo que tantas veces sacude nuestra alma.

Es cierto que Jesucristo no encontraba lugar per-manente: tan pronto estaba en un sitio como en otro, movido por las exigencias propias de la predicación del evangelio. Pero es igualmente verdadero que pasaba tiempo en casa de Pedro en Cafarnaúm o bien con su amigo Lázaro y sus hermanas. Había momentos de paz.

El significado profundo de estas misteriosas pala-bras del Señor se encuentra en la contemplación del crucificado. Así lo entendió san Juan de la Cruz cuando escribió: «Y porque he dicho que Cristo es el camino, y que este camino es morir a nuestra naturaleza en lo sen-sitivo y espiritual, quiero dar a entender cómo sea esto a ejemplo de Cristo, porque Él es nuestro ejemplo y luz. Cuanto a lo primero, cierto está que Él murió a lo sen-sitivo, espiritualmente en su vida, naturalmente en su muerte. Porque, como Él dijo, en la vida no tuvo dónde reclinar su cabeza, y en la muerte lo tuvo menos»[1].

Ser apóstol y seguir a Jesús significa, en último tér-mino, no apoyar nuestra inteligencia en soporte alguno fuera de Dios. Y como la inteligencia la vida entera. Convencerse, ahora en palabras de la Santa de Ávila, de que «solo Dios basta».

3. «Cuanto a lo segundo», prosigue san Juan de la Cruz, «cierto está que al punto de la muerte quedó también aniquilado en el alma sin consuelo y alivio alguno, de-

---

[1] S. Juan de la Cruz, *Subida al Monte Carmelo* II, 7. Tam-bién las citas que siguen.

jándole el Padre así en íntima sequedad, según la parte inferior. Por lo cual, fue necesitado de clamar diciendo: ¡Dios mío, Dios mío!, ¿por qué me has abandonado? Lo cual fue el mayor desamparo sensitivamente que había tenido en su vida».

Existe un desamparo más cruel que ese que experimentó el padre Carlos. Sin embargo, mientras uno es insano y no conduce a la salvación, el otro es fecundo y trae la redención. Escucha al santo doctor: «Y así, en Él hizo la mayor obra que en toda su vida con milagros y obras había hecho, ni en la tierra ni en el cielo, que fue reconciliar y unir al género humano por la gracia de Dios. Y esto fue, como digo, al tiempo y punto que este Señor estuvo más aniquilado del todo, conviene a saber: acerca de la reputación de los hombres, porque como le veían morir, antes hacían burla de Él que le estimaban en algo; y acerca de la naturaleza, pues en ella se aniquilaba muriendo; y acerca del amparo y consuelo espiritual del Padre, pues en aquel tiempo le desamparó porque puramente pagase la deuda y uniese al hombre con Dios, quedando así aniquilado y resuelto en nada. De donde David dice de Él: *He sido reducido a nada y nada sé*».

¿Quieres ser apóstol? Disponte entonces a participar en esta particular obra de aniquilamiento, de muerte a ti mismo, que no es sino evangélica: el grano de trigo que cae y ya no vive más. Interiormente, renunciando a todo gusto. Exteriormente, entregando todas nuestras fuerzas. Porque la religión verdadera nunca fue producto de «gustirrinín», sino más bien de la afirmación radical de un Dios crucificado.

DECIMOTERCERA SEMANA. LUNES

1. La primera pregunta a la hora de planificar unas vacaciones: ¿podré ir a Misa?
2. Un examen de nuestras prioridades.
3. En verano... Misa diaria.

1. Era un viaje inigualable: salían de Buenos Aires y después de varias jornadas haciendo escala en la costa brasileña visitando las más preciosas urbes, cruzarían el océano llegando a Canarias, Madeira, Cádiz y el Mediterráneo, con intención de acabar en Roma, donde después de unos días llenos de cultura tomarían un vuelo de vuelta.

Lo paradójico es que la familia entera (eran cuatro hijos y los padres) había decidido ir a confesarse «de que iban a faltar a Misa dos domingos», porque según el plan de ruta sería imposible asistir. Así lo comentaban los chicos con sus amigos en tono jocoso.

No sé lo que les diría el sacerdote, pero lo cierto es que uno no se puede confesar del pecado que supuestamente va a realizar, sino solo de los que *ya* ha cometido. Imagínate que naufragas antes del domingo:

lo mismo te toca ir a Misa en circunstancias dramáticas... o no ir nunca más...

Por el contrario, «lo que sí que se puede y se debe hacer es planificar el verano de modo que lo primero y más importante sea la Misa». Cristo es el mismo aquí que en la playa, en Australia que en Suecia. Da igual el idioma: gracias a Dios la liturgia es lo suficientemente rica en expresiones como para que se pueda entender «algo». Si quieres, cómprate un Misal para seguirla. Siempre te puedes llevar un librito con el evangelio de cada día. La comunión es la misma. La Misa también. Lo importante es que no lo dejes nunca. Los domingos, a Misa; y no de cualquier manera: con una piedad recia y, a la vez, infantil.

«¡Valor de la piedad en la Santa Liturgia!

Nada me extrañó lo que, hace unos días, me comentaba una persona hablando de un sacerdote ejemplar, fallecido recientemente: ¡qué santo era!

—¿Le trató usted mucho?, le pregunté.

—No –me contestó–, pero le vi un vez celebrar la Santa Misa»[1].

2. Le encantaba cazar. Era lo que más podía gustarle del mundo: en todas sus modalidades. Todos los años le invitaban al mejor plan posible: un pequeño castillo en la dehesa albergaba a una docena de cazadores que ardían en deseos de dar satisfacción a su afición durante un fin de semana de ensueño.

Sin embargo, tal como recordaría su hijo poco después de su muerte, «mi padre nunca fue a esa cacería.

---

[1] *Forja* 645.

Le habría encantado. Pero siempre decía lo mismo: si no voy a poder ir a Misa el domingo, no merece la pena nada. No puedo fallar a Dios en su día. No puedo. No quiero». Y continuaba: «mi padre no se daba cuenta de la silenciosa lección que yo, desde niño, he visto que se repetía cada año. No hubo ocasión donde no le invitaran, y siempre su contestación era la misma: sin Misa el domingo, no hay caza».

El ejemplo de los padres es decisivo no solo porque son los que planifican las vacaciones, sino también porque los hijos prestan atención al más pequeño de sus gestos: el infante se da perfecta cuenta de las ganas e interés que ponen los adultos al ir a Misa. Los pequeños saben leer dentro e interpretan muy bien el puesto que ocupa Dios en la vida de sus padres gracias a elecciones como esta: «¿dónde vamos de vacaciones?». Entonces evalúan de modo natural qué está en la cima de las aspiraciones de sus responsables: Dios o el descanso, Dios o la frivolidad, el esnobismo o tal vez, tristemente, Dios completamente ausente.

Abuelitos de Misa diaria, hijos de Misa ocasional, nietos agnósticos... No siempre ni en todas partes, claro, pero tú trata de hablar con el Señor, no sea que predicando a otros, nosotros mismos seamos reprobados. ¿Tengo claro dónde ir a Misa y a confesar este verano?

3. «¡Con que cariño recuerdo cómo íbamos mi madre y yo a Misa las tardes de verano!», decía con orgullo un colaborador asiduo de la parroquia. «Nunca me lo impuso, pero siempre me invitaba a ir y como en verano sobra tiempo, acabábamos por ir casi todos los días... además, me hacía ilusión ir con ella. Siempre llegábamos con tiempo, un poquito antes de que comenzara, y después de Misa merendábamos en el kiosco un buen vaso de horchata con "fartons". Caía la tarde: ella hablaba conmigo y con el kiosquero, que era muy simpático. Con el tiempo me he dado cuenta de que las tardes de verano que iba a Misa con mi madre eran tardes de confidencia: con Dios y con ella».

A los pequeños les puede encantar ir a Misa si van a solas con su padre, con su madre; es un privilegio. «Papá para mí solo», pensarán. Momentos familiares, para hablar tranquilamente: sin la prisa del invierno, sin los agobios del trabajo.

El verano es una ocasión preciosa también para que los hijos vean confesarse a sus padres. Muchos adultos tienen grabada en la retina la escena de su padre o su madre de rodillas rezando a la Virgen antes de dormir: si papá o mamá, que son «todo», se ponen de rodillas... ¿quién será Él? La confesión de un padre o de una madre a la vista de sus hijos es más ilustrativa para ellos que mil horas de catequesis.

Sea cual sea, por tanto, tu situación, permíteme una pregunta que anuncia el final de nuestra meditación: ¿por qué no piensas en un verano de «Misa diaria»? Será la ocasión de tratar con más amor a tu Padre Dios.

DECIMOTERCERA SEMANA. MARTES

1. Clamar a Dios en nuestra propia lengua.
2. Solo en Dios puede descansar el alma.
3. La potencia capaz de calmar nuestras ansias
y lograr la quietud del corazón.

1. Por muy diversas razones, aquellas monjas lituanas no podían ya seguir trabajando en los Balcanes. Su salida del país se precipitó ocasionando una rápida huída. No sabiendo adónde ir, tuvieron conocimiento de que en la inmensa república soviética de Kazajistán había un buen puñado de católicos. Exiliados como ellas, permanecían ocultos en la sociedad sin dar testimonio de su fe. Una Iglesia silente en el corazón de una nación inmensa suplicaba, con su callada palabra, una renovada predicación del evangelio. Allá dirigieron sus pasos.

Sin más equipaje que la palabra de Dios, las consagradas aterrizaron en la capital y buscaron un empleo donde poder iniciar su labor. Lo primero que encontraron fue un hospital cubriendo los turnos nocturnos que nadie quería asumir. Su confianza en Dios era grande y jalonaban con intensa oración su deseo de encontrar a algunos católicos.

La ocasión llegó una noche cualquiera, otra como las demás. Una mujer anciana clamaba misericordia a Dios. Gritaba en su propia lengua, la que había aprendido de niña de labios de su madre en su Lituania natal. Nadie la entendía salvo las monjas recién llegadas que escuchaban los gritos de dolor que imploraban a Dios que tuviera misericordia de ella. Ahí comenzó su labor, que se extendió oculta y calladamente. Era, de algún modo, la respuesta eficaz del buen Dios que siempre escucha las súplicas de sus hijos necesitados.

Cristo está «siempre» junto a nosotros en la travesía de la vida. Como en ese hospital perdido de Asia. Como en el evangelio de hoy. Aunque en ocasiones parezca no enterarse, aunque parezca que duerme, que está como ausente ante las dificultades. No es así: solo nos lo parece.

Por eso, cuando nuestra alma se ve aturdida por miles de dificultades y nuestro corazón zozobra por innumerables inquietudes, hemos de alzar la voz, clara y fuerte, a Jesús que duerme. En nuestra propia lengua, en la que aprendimos a rezar: la lengua que nace de lo más íntimo del corazón y que implora misericordia a Dios todopoderoso.

Así hizo san Pedro. También nosotros podemos clamar al Espíritu Santo, divino morador del alma en gracia, con las palabras encendidas y confiadas del apóstol. Hagámoslo con una fe fuerte y con el alma despierta. Supliquémosle que nos salve, que tenga piedad y nos libre de esa tormenta que está por hundir nuestra pobre barca.

2. Es imposible que la trayectoria concreta que describe nuestra vida no esté salpicada de malentendidos y enemistades. Así, por ejemplo, tras años de matrimonio, no es extraño que uno se pregunte si el amor volverá a ser el mismo, si algún día retornará la ilusión de los primeros tiempos. La ininterrumpida convivencia hace mella en el alma: por los años y los repetidos intentos de sacar adelante ciertas cosas, por las palabras que no se quisieron decir y se dijeron, o, lo que es peor, el cariño que nunca se expresó, por orgullo, por vergüenza, por pecado. Surge entonces el enfrentamiento, pequeño o grande, que augura un futuro difícil, quizá negro. ¿Qué pensar o decir, cómo volver atrás o mirar hacia adelante?

«Oíste una afrenta, he ahí el viento», predica san Agustín. «Te airaste, he ahí el oleaje. Soplando el viento y encrespándose el oleaje, se halla en peligro la nave, peligra tu corazón, fluctúa tu corazón. Oída la afrenta, deseas vengarte. Te vengaste y cediendo a la injuria ajena, naufragaste. ¿Cuál es la causa? Porque duerme en ti Cristo. ¿Qué significa: duerme en ti Cristo? Te olvidaste de Cristo»[1].

Unido en matrimonio o no; soltero, célibe, sacerdote o religioso, lo mismo da. Para todos existe una misma receta que consiste en un idéntico modo de vivir: descansar en Dios. Como reza el salmo, solo en Él descansa mi alma,

Descansa solo en Dios, alma mía, porque él es mi esperanza;

solo él es mi roca y mi salvación, mi alcázar: no vacilaré.

De Dios viene mi salvación y mi gloria,
él es mi roca firme, Dios es mi refugio (Sal 62, 8).

---

[1] S. Agustín, *Sermón,* 63,2. También para el resto de citas de esta meditación.

«Que nunca tengas que reprocharme, Jesús mío, el haberme olvidado de ti».

3. Es de nuevo la voz del Santo de Hipona la que ilustra nuestra oración, cuando nos exhorta a despertar a Cristo dentro de nosotros. «Acuérdate de Él, que despierte en ti: piensa en Él. ¿Qué querías? Vengarte. ¿Se te ha pasado de la memoria que Él, cuando fue crucificado, dijo: Padre, perdónalos, porque no saben lo que hacen? Quien dormía en tu corazón no quiso vengarse. Despiértale, acuérdate de Él. Recordarle es recordar su palabra. Recordarle es recordar su precepto. Si Cristo está despierto en ti, ¿qué dices en tu interior? ¿Quién soy yo para querer vengarme? ¿Quién soy yo para proferir amenazas contra un hombre? Moriré quizá antes de vengarme. Y si saliera de este mundo inflamado de ira, anhelando y sediento de venganza, no me recibirá aquel que no quiso vengarse. No me recibirá aquel que dijo: "Dad y se os dará, perdonad y se os perdonará". Por lo tanto, calmaré mi ira y volveré a la quietud de mi corazón».

Porque, lo sabemos bien –lo hemos escuchado al final del fragmento de hoy– *dio órdenes Cristo al mar y se produjo la bonanza* (*Mc* 4, 39).

¿O es que ha disminuido la potencia de la palabra de Aquel que clama –si se lo pides– por la quietud de tu alma y el sosiego de tu corazón? ¿O es que Cristo ha dejado la barca? No, Jesús está a tu lado: nunca ha dejado de estarlo. Si te parece que duerme, es que quiere que le despiertes.

DECIMOTERCERA SEMANA. MIÉRCOLES

1. La superstición es cosa del enemigo.
2. Huir de la magia y de la adivinación. Con eso no se juega.
3. El recurso más habitual de Satanás:
la tentación y el pecado.

1. Dicen –yo no lo sabía– que encontrarse a un jorobado da buena suerte; fortuna que es mucho mayor si se alcanza a tocar con la mano la corcova. Al menos así pensaba aquella distinguida señora que una tarde de septiembre del año 1913 paseaba por el parisino parque de Tullerías. De pronto vio que se acercaba hacia ella por el mismo paseo un hermoso jorobado. Era una oportunidad de oro y no pensaba perderla: amparada en su alta posición social, se acercó discretamente al buen hombre y apoyó decididamente su mano en la giba, esperando así la llegada de la buena fortuna pero encontró algo bien diverso: el buen cheposo, harto de supersticiones y lleno de cólera ante el atrevimiento de la señora, no se contentó con atizarla a bastonazos sino que cuando terminó la agarró fuertemente de la mano, la llevó atravesando un parterre y la tiró a un pequeño estanque, de donde salió remojada y humillada, entre las burlas y risas de los que por allí pasaban.

Ya ves: no es bueno ser «supersticioso». Ni en broma. Son ganas de buscarse preocupaciones. ¿Te has fijado como saltan al campo algunos jugadores de fútbol? Cada vez lo hacen más: dan tres pasos a la pata coja, evitan pisar la línea que divide el terreno de juego y se santiguan. Pura superstición.

Dicen que el origen del mal agüero del número trece es el hecho de que en la última cena fueran trece los comensales y poco después Judas se suicidara. Lo cierto es que en algunas ciudades, hospitales, hoteles y balnearios se suprime esa numeración y, o bien se pasa del 12 al 14, o bien se pone 12 bis en vez de 13. En muchos aviones no encontrarás la fila 13.

¿Qué es esto? «Superstición», que según el *Catecismo de la Iglesia católica* «es la desviación del sentimiento religioso y de las prácticas que impone»[1]. En efecto, es un pecado contra el primer mandamiento. Aunque mucha gente –quizás nosotros mismos– bromea con ello y no le da más importancia, otros tienen fe ciega en esas cosas que, sin darse cuenta, les apartan del amor y la confianza en Dios. Cada vez más, porque cuanto más desaparece la religión fundada y ¿sincerar? más florecen las prácticas fútiles y arbitrarias.

¿Recuerdas las tentaciones de Jesús? En una de ellas, responde al demonio: *está escrito: «Al Señor, tu Dios, adorarás y a él solo darás culto»* (*Mt* 4, 10). Como en otras ocasiones, digamos sentidamente: «aparta de mí, Señor, lo que me aparte de ti».

---

[1] CEC, 2111

2. El evangelio de hoy describe una situación terrible: Cristo dialoga con los demonios. Dos endemoniados salen a su encuentro al otro lado del lago. Su furia era tan conocida en la comarca que nadie se atrevía a andar por esos caminos por temor a encontrárselos. Jesús, en cambio, no se esconde; Él no tiene miedo. Le reciben a gritos, insultándole y defendiéndose porque saben que Jesús tiene poder sobre ellos. Le suplican que los envíe a una piara de cerdos. Así lo hizo y aquellos cerdos endemoniados se tiraron acantilado abajo, ocasionando el terror de todos los vecinos (cfr. *Mt* 8, 28ss.).

El diablo existe. No es un juego. Es real. Su único propósito es destruir, dividir, separar. En definitiva, Satanás busca engañar siempre y quiere apartar a los hombres de Cristo, como hizo con aquellos habitantes, que acabaron por pedir a Jesús que se fuera de su país. Nunca se da por vencido: no hay batalla contra el demonio que podamos decir que está definitivamente vencida. Ninguna.

Son pecados muy diabólicos aquellos que hablan de la «superstición», la «idolatría» y la «adivinación» o la «magia». No pienses que por procurar vivir en cristiano estás a salvo de estas tentaciones. Aparecen continuamente en nuestra vida. Dicen que, a la salida de la catedral de México, decenas de personas, sobre todo mujeres, se agolpan con sus cartas ofreciendo leer el futuro a los viandantes… incluso a aquellos que salen de Misa.

«Todas las formas de adivinación deben rechazarse –reza el *Catecismo*–. El recurso a Satán o a los demonios, la evocación a los muertos, y otras prácticas que equivocadamente se supone «desvelan» el porvenir (cfr. *Dt* 18, 10; *Jr* 29, 8). La consulta de horóscopos, la astrología, la quiromancia, la interpretación de presagios y de suertes, los fenómenos de visión, el recurso a "mediums" encierran una voluntad de poder sobre el tiempo, la historia y, finalmente, los hombres, a la vez que un deseo de granjearse la protección de poderes ocultos. Están en contradicción con el honor y el respeto, mezclados con el temor amoroso, que debemos solamente a Dios».

Cada día crecen más estas prácticas en nuestra sociedad, porque se cree menos en Dios y más en cualquier cosa. Repruébalas. No las sigas: ni siquiera como juego porque con el diablo no se juega, ¿verdad?

3. Con todo, el recurso más habitual de Satanás en nuestras vidas no es el espiritismo, ni la magia o la adivinación, ni siquiera la superstición firmemente creída. No. Su habitual modo de moverse entre los hombres es la tentación y el pecado. Ese es el camino donde suele actuar el enemigo.

Es muy importante tomarse muy a pecho el empeño de alejar las tentaciones que a uno le hacen caer. Los años, la dirección espiritual y la confesión frecuente generan un conocimiento grande de uno mismo que permite señalar las ocasiones y circunstancias en que nos llega habitual o más fácilmente la tentación. Para uno serán tales, para otro serán cuales, pero en todo caso Satanás, como perro rabioso, ladra y babea, bufa al lado del camino de nuestra vida. Aprende y no te acerques ahí: te puede morder.

¿Quieres que lo concretemos un poco? Bien: si sabes que esas fiestas siempre acaban igual, ¿por qué vas? Si sabes que esa playa te hace mal, ¿por qué no cambias? Si conoces perfectamente que cuando estás cansado y abres la boca, de ahí sale todo menos caridad, ¿por qué no te quedas callado?... y así puedes seguir concretando por tu cuenta, pidiéndole a Jesús luz para descubrir esas ocasiones y fuerza para evitarlas.

En el fondo, huir de la tentación requiere ser valiente y humilde al mismo tiempo. «Valiente» porque la fortaleza se vive según convenga en cada caso: huyendo de las ocasiones que te hacen caer y enfrentándote a aquellas otras con las que sabes que puedes. Y «humilde» porque ante la duda de si resistiré, prefiero pasar por mojigato a acabar ofendiendo a Dios. Obrar de otro modo sería como querer comprobar la resistencia de unas cuerdas lanzándose a hacer *puenting*: quizá estén en buen estado, pero si no... Como dice el refrán: «de valientes está el cementerio lleno»; y es que no es una actitud valerosa ponerse en tentación.

Dios opera en los hombres con la sugerencia, el diálogo y la gracia; el demonio con la tentación, la imposición y la ruina.

Dile al Señor que quieres ser de los suyos, que deseas aumentar el conocimiento que tienes de ti mismo y ser lo suficientemente humilde para huir siempre que sea necesario. Concrétalo. Mírate bien y saca propósitos bien determinados.

DECIMOTERCERA SEMANA. JUEVES

1. Una petición: sentir lo imponente de lo sagrado.
2. ¿Quién es ese algo distinto de mí que hace
mi vida en mí y me la regala?
3. ¡Hágase tu voluntad!

1. Nuestra oración de hoy comienza con una petición bien concreta: sentir lo imponente de lo sagrado porque no hacerlo es sinónimo de no conocerlo[1]. En esto se resume toda la historia que, a continuación, vas a escuchar: hay que ser capaces de estremecerse ante su presencia[2].

Manuel García Morente era muy conocido en el ambiente cultural español: catedrático de Ética en la universidad de Madrid y una figura prestigiosa en el mundo de la filosofía. Públicamente se presentaba como ateo. Siendo adolescente, tras la muerte de su madre, había

---

[1] Cfr. CEC, 2144

[2] La historia completa puedes encontrarla en http://www.fluvium.org/textos/lectura/lectura9.htm

dejado de ir a la iglesia. Cuando estalló la guerra civil en España era decano de la Facultad de filosofía y letras.

Apenas mes y medio después de haber comenzado el conflicto, se produjo un vuelco en su vida. El 28 de agosto de 1936 recibe una llamada telefónica: su yerno ha muerto. Su «delito» había consistido en ser miembro de la Adoración Nocturna. Siguieron días de miedo, con registros y detenidos entre los vecinos. «En mi situación –escribe–, el 26 de septiembre, al mes escaso del asesinato de mi yerno, recibí por la mañana temprano el aviso confidencialísimo de que urgía me ausentara de casa y, si fuera posible, de España, pues se había acordado, por ciertos elementos descontentos de mi gestión en el decanato de la Facultad de Filosofía y Letras, darme muerte, como era usual entonces».

No le quedó otra opción que huir a París. Sin embargo, tenía un fuerte sentimiento de culpa que le recomía por dentro. Viudo como era, había dejado en España lo que más amaba: sus hijas. «Así, en París –recuerda– el insomnio fue el estado casi normal de mis noches tristísimas». En aquellas largas horas «a veces repasaba en la memoria todo el curso de mi vida: veía lo infundada que era la especie de satisfacción modorrosa que sobre mí mismo había estado viviendo; percibía dolorosamente la incurable quietud e inestabilidad espiritual en que de día en día había ido creciendo mi desasosiego».

Antes de seguir adelante, te propongo que hagamos un pequeño parón, hacer silencio en este primer tramo de meditación, y preguntarnos delante de Dios si no sacudirá también a nuestra vida cierta «modorra» fruto de la satisfacción de «nuestras obras bien hechas» o incluso de «nuestra vida ordenada». ¿No será que poco a poco crece la insatisfacción en nuestros corazones y la apagamos con pequeñas –minúsculas– compensaciones? ¿Cuándo despertaré a una vida verdadera que es fiarme de verdad de Ti: cuándo?

2. Poco a poco, García Morente logra habituarse a su nueva vida en Francia, aunque sigue habiendo un motivo de angustia: su familia. Habla con unos y con otros, hace lo imposible para conseguir sacar a sus hijas y nietos del país en guerra... y nada. Finalmente, cuando parece que no hay solución, de improvisto surge una oportunidad y consigue que se muden de Madrid a Barcelona. Lo mismo sucede con el trabajo: inesperadamente le llueven ciertas ocasiones que le permiten ganarse la vida. Es entonces cuando se pregunta:

«¿Quién es ese algo distinto de mí que hace mi vida en mí y me la regala? Claro está que enseguida se me apareció en la mente la idea de Dios. Pero también enseguida debió asomar en mis labios la sonrisa irónica de la soberbia intelectual. "Vamos –pensé–, Dios, si lo hay, no se cura de otra cosa que de ser. Dejémonos de puerilidades". Y en efecto, realicé el acto interior de rechazar esas que yo llamaba puerilidades. Pero he aquí que las puerilidades insistían en quedarse y se negaban a ser rechazadas».

No quería creer, más aún, tenía «razones» para no hacerlo (con una vida de estudio y filosofías, él mismo era el traductor de Kant al castellano...). No obstante y al mismo tiempo, «era necesario admitir que alguien tomaba cuidado de él», puesto que las cosas nunca salían por el camino que trazaba, sino por otro más eficiente, mejor e inesperado. Algo ocurría. Era honrado intelectualmente: de la misma manera que se negaba a aceptar a Dios, reconocía los «hechos», los cuales hablaban de una mano cariñosa –la providencia de Dios– que guiaba el destino de los hombres y su destino personal. Y tú, ¿ves también esa mano en tu vida?

3. Y sucedió lo que él vino a llamar el «hecho extraordinario». Se hallaba en un callejón sin salida: ¿eran puerilidades o había Alguien más? Puso la radio. Música. Primero, César Frank; después, Ravel. Siguió una obra de Berlioz, bien cantada por un magnífico tenor:

«Algo exquisito –recuerda–, suavísimo, de una delicadeza y ternura tales que nadie puede escucharlo con los ojos secos. (...) Cuando terminó, cerré la radio para no perturbar el estado de deliciosa paz en que esa música me había sumergido. Y por mi mente empezaron a desfilar –sin que yo pudiera ofrecerles resistencia– imágenes de la niñez de Nuestro Señor Jesucristo. Le vi, en la imaginación, caminando de la mano de la Santísima Virgen, o sentado en un banquillo y mirando con grandes ojos atónitos a san José y a María. Seguí representándome otros episodios de la vida del Señor: el perdón que concede a la mujer adúltera, la Magdalena lavando y secando los pies del Salvador, Jesús atado a la columna, el Cirineo ayudando al Señor a llevar la Cruz, las santas mujeres al pie de la Cruz (...).

»Y los brazos de Cristo crecían, crecían, y parecían abrazar a toda aquella humanidad doliente y cubrirla con la inmensidad de su amor, y la Cruz subía, subía hasta el cielo y llenaba el ámbito de todo y tras de ella subían muchos, muchos hombres y mujeres y niños; subían todos, ninguno se quedaba atrás; solo yo, clavado en el suelo, veía desaparecer en lo alto a Cristo, rodeado por el enjambre inacabable de los que subían con Él; solo yo me veía a mí mismo, en aquel paisaje ya desierto, arrodillado y con los ojos puestos en lo alto y viendo desvanecerse los últimos resplandores de aquella gloria infinita, que se alejaba de mí». Aquello, escribía tiempo después, «tuvo un efecto fulminante en mi alma». Algo había pasado, y por fin lograba verlo. Su relato continúa:

«¿Y qué me había sucedido? Pues que la distancia entre mi pobre humanidad y ese Dios teórico de la filosofía me había resultado infranqueable. Demasiado lejos, demasiado ajeno, demasiado abstracto, demasiado geométrico e inhumano. Pero Cristo, pero Dios hecho hombre, Cristo sufriendo como yo, más que yo, muchísimo más que yo, a ese sí que le entiendo y ese sí que me entiende, a ese sí que puedo entregarle fielmente mi voluntad entera, tras de la vida. A ese sí que puedo pedirle, porque sé de cierto que sabe lo que es pedir y sé de cierto que da y dará siempre, puesto que se ha dado entero a nosotros los hombres. ¡A rezar, a rezar! Y puesto de rodillas empecé a balbucir el Padrenuestro. Y ¡horror!, ¡se me había olvidado!».

Siguió de rodillas, rezando como podía. Recordó cómo su madre le había enseñado a rezar, reconstruyó el Padrenuestro, y el Avemaría... y de ahí no pudo pasar. «No importaba demasiado; lo cierto era que una inmensa paz se había adueñado de mi alma». Se sentía otro hombre, el «hombre nuevo» del que hablaba san Pablo. Miró por la ventana: vio lo de siempre, *Montmartre*. Pero los ojos eran nuevos, y percibió un significado antes desconocido: ¡*Mons Martyrum*!, *el Monte de los Mártires*. Son los que aceptaban libremente el supremo sacrificio. «¡Querer libremente lo que Dios quiera! He aquí el ápice supremo de la condición humana. "Hágase tu voluntad en la tierra como en el cielo"».

DECIMOTERCERA SEMANA. VIERNES

1. Mateo: un secreto seguidor de Cristo.
2. Dios elige a los que quiere y los hace capaces.
3. Los planes de Pedro y los planes de Dios.

1. Mateo nos cuenta hoy su propia vocación. Llama la atención la humildad con que lo lleva a cabo: *Al pasar vio Jesús a un hombre llamado Mateo sentado al mostrador de los impuestos, y le dijo: «Sígueme». Él se levantó y lo siguió* (*Mt* 9, 9). El apóstol no hace ninguna referencia personal a su propio estado de ánimo, a cómo había conocido a Jesús, a lo que experimentó en su interior cuando oyó sus palabras y es justamente eso lo que nos da ocasión de rezar sobre la condición personal y afectiva de Mateo con Jesús.

Mateo era judío. Había decidido emplearse en un trabajo muy mal visto: el de cobrador de impuestos. Ponía su puesto en la vía principal de Cafarnaúm, una de las ciudades más importantes del entorno. Seguramente era un buen profesional: inflexible en su onerosa misión de sacar los dineros a la gente. Los romanos, con sus campañas bélicas por todo el mundo conocido, cada día pedían más y más, y apretaban a la gente con tasas intolerables que convertían en ingrato el natural deseo de vivir. Por eso, y porque trabajaba para una potencia invasora, el cobrador de impuestos era un personaje muy poco querido.

Jesús dedicó gran parte de su tiempo a enseñar precisamente en Cafarnaúm. Allí expulsó un demonio a la salida de la sinagoga, allí curó a la suegra de Pedro, allí explicó a todos los que querían escucharle los misterios del reino de Dios, escondidos desde la creación del mundo. La pequeña ciudad vio gran parte de la potencia de Cristo expresada en sus milagros y en sus palabras.

Es indudable que Mateo estaba enterado de la presencia del Maestro en Cafarnaúm. Probablemente lo seguía secretamente: le escuchaba con estupefacción cuando predicaba a orillas del Mar de Galilea, comentaba con sus compañeros los milagros realizados por el Nazareno y poco a poco crecía en su corazón una no pequeña admiración por Él.

De otra manera no se entiende: si Mateo no hubiera conocido de nada a Jesús, no habría seguido su llamada; hubiera sido irracional hacerlo. Cuando Cristo lo llamó por su nombre (¡Mateo!), este respondió con prontitud porque, en el fondo, estaba deseando seguirlo. Lo había pensado muchas veces y de hecho estaba persuadido de que en alguna ocasión el Maestro lo había mirado mientras predicaba, o le había dirigido algunas indirectas. Mateo, en definitiva, tenía sed de Dios. Conocía a Cristo de vista y de oídas, ahora quería conocerlo en la intimidad. El Señor, siempre generoso con los deseos de los hombres, le concedió una oportunidad... que él no desaprovechó.

2. La escena de la elección de Mateo ha quedado inmortalizada en el famoso cuadro de Caravaggio, que puedes visitar en la romana iglesia de San Luis de los franceses. Envuelto en un magnífico juego de luz, vemos a Cristo de pie a la entrada de una pequeña estancia, con el brazo extendido señalando a Mateo. El apóstol, que está con el dinero sobre la mesa, mira temeroso a Cristo y se señala a sí mismo con estupor, como diciendo: «¿Yo?». Junto a Jesús está Pedro, que señala al recaudador despectivamente, mientras mira al Señor como diciéndole: «¿él?».

La escena debió de ser un poco así. El dedo de Jesús es aquel que toca y pone en la existencia, como en dedo de Dios en la creación de Miguel Ángel de la capilla Sixtina. Cristo no eligió al cobrador de impuestos «porque fuera bueno»: nadie es digno de ser elegido apóstol. Fue al señalarle, al elegirle, cuando el Señor «lo hizo bueno».

Dios había pensado en Mateo desde toda la eternidad, y ahora se concreta la elección. El amor eterno se hace historia. Jesús no le pidió nada: tan solo que tuviera confianza en Él y que lo siguiera. Fue una simple palabra, un sencillo gesto.

También nosotros queremos ser apóstoles, y hemos sido señalados por Cristo desde el día de nuestro bautismo. No debe pesarte tu indignidad, ni tus defectos, ni tu incapacidad: Dios, que nos ama desde toda la eternidad, elige a quien quiere, a nosotros. Tan solo nos pide una cosa: seguirlo. Ser obedientes.

Podemos examinar si, como Mateo, respondemos con idéntica prontitud en esas ocasiones en que nos cuesta hacer la oración o la piedad se hace pesada y la caridad insoportable, o cuando perdemos el tiempo desatendiendo el trabajo... Entonces, otra vez, escuchamos la exhortación de Cristo de hacer «nueva» nuestra entrega, vemos su dedo que nos apunta en esa situación: «tú, sígueme».

3. Mateo se señala a sí mismo y piensa: «¿yo?, ¿me llamas a mí a ser apóstol?». No entiende la lógica de Cristo porque es humilde. Es consciente de su debilidad. No le entra en la cabeza: hay otros mucho más capaces, mucho más dignos, mucho más religiosos. «Mi trabajo –pensaría– me ha hecho odioso al parecer de mis hermanos, soy un cobrador, un indeseable; soy, en definitiva, un pecador». ¡Bien lo sabía Jesús que en su omnipotencia aprecia únicamente el corazón grande deseoso de seguirle! Y es que Cristo hace auténticos héroes de hombres y mujeres muy normales... cuando aprenden a fiarse de Él.

Podemos completar el cuadro considerando el desprecio de Pedro, que no da crédito: «¿Mateo?». Seguro que había discutido con él mil veces. Pedro era peleón, en más de una ocasión no habría querido pagar («¡es injusto!, ¡otra subida de impuestos!, ¡a cuento de qué!»). Tal vez incluso habría intentado hacer trampa... no era un tipo fácil. Y ahora, porque a Jesús vaya-usted-a-saber-por-qué le había dado por ahí, le iba a tocar convivir con ese traidor, con esa sanguijuela. Un desastre para los planes «de Pedro». ¡Pero qué maravilla para los planes «de Dios», que es capaz de generar amistades en hombres que jamás habrían estado juntos si no es por Su amor!

Pídele al Señor gracia para no despreciar nunca a nadie. Dios nunca lo hace. Aprende a ser humilde, como Mateo; sencillo, como Pedro... y misericordioso, como Cristo.

DECIMOTERCERA SEMANA. SÁBADO

1. ¿Innovar es crecer?
2. En la vida interior la renovación la hace el Espíritu Santo.
3. La revolución no es lo nuestro.

1. Hablando con un buen amigo, que ha sido director en varios colegios, se suscitó en nuestra conversación un animado debate sobre la innovación en materia educativa. Él era por aquel tiempo un entusiasta de la innovación, en particular de la incorporación de las tecnologías de la información y la comunicación a la enseñanza. Y nuestro debate se dio por el título, "Innovar es crecer", que puso a un congreso que organizaba sobre estos temas. Sin entrar en cuestiones técnicas, en las que evidentemente no estoy versado, mi crítica al titular se resumía en que una innovación no es en sí misma ni buena ni mala, tan solo indica la aparición de algo distinto de lo que había, de una nueva forma de hacer las cosas, por ejemplo, pero juzgar si eso mejora lo anterior ha de ser objeto de un análisis diferente al de juzgar su novedad. Por ejemplo, convendremos en que la bomba atómica fue una gran innovación en materia bélica, pero que desde luego no podemos decir que haya sido buena ni positiva. Traigo esta anécdota porque pienso que hay en nuestros días un gusto y una búsqueda de innovación por la innovación que se hace muchas veces de manera acrítica. Se manifiesta en todos los ámbitos de la vida. Parece que hay que ser original y rompedor en todo, como si lo nuevo y distinto de lo anterior fuera ya de suyo mejor.

La tensión entre lo nuevo y lo viejo no es en absoluto algo novedoso, está presente desde que el hombre es tal. Hoy en el evangelio, sin ir más lejos, tienes a Jesús hablándote de ello usando la imagen del remiendo en un manto y de los odres de vino (cfr. *Mt* 9, 14-17). Y tan peligrosa es la cerrazón irracional a toda innovación, cosa que se daba muy frecuentemente en tiempos pasados y en personas algo mayores, como el afán ingenuo de novedad sin juzgar si lo nuevo mejora lo anterior. La clave –me dirás– es el sentido común. Sí, pero parece a veces poco común tenerlo, por eso no está de más que te lo recuerdes un momento.

¿Me veo fascinado (o asustado) por las novedades?; ¿es mi vida y mi conducta tan poco constante como las novedades?

2. La tensión entre lo nuevo y lo viejo está, como te decía antes, muy presente en la escena del evangelio que se lee en la misa de hoy. Son unos discípulos de Juan el Bautista los que se acercan a Jesús desconcertados. Ellos ayunan con frecuencia en una práctica común en el mundo judío y que se extrañan en no verla en los discípulos de Jesús. El Señor en su respuesta alude a que su presencia es la que lo cambia todo. En la novedad que Él representa está la razón de su manera de comportarse. Y es que se hace evidente a lo largo del evangelio que

Cristo trae una novedad radical en lo que a la relación con Dios se refiere. El papa Francisco al comentar este pasaje afirma a este respecto: «es Jesús mismo quien dice: "yo hago nuevas todas las cosas". Como si su vocación fuese la de renovar todo. Y esto es el Reino de Dios que Jesús predica. Es una renovación, una renovación auténtica. Y esta renovación está ante todo en nuestro corazón»[1].

Jesús es, en efecto, un innovador, el gran innovador que trae la auténtica novedad y que nos enseña lo que significa renovarse de verdad. La clave para que la renovación sea auténtica está en cómo es la relación de ese cambio respecto de lo anterior y de lo venidero. En primer lugar, para que una renovación sea auténtica ha de traer algo bueno para lo que se renueva. Parece obvio, pero con frecuencia lo olvidamos. Una innovación es positiva si su contenido es verdadero, si mejora, si completa. En lo que se refiere a la vida interior y al trato con Dios enseguida nos damos cuenta, si pensamos un poco, de que solo puede ser renovada por Dios mismo. ¿Quién sino Él puede renovar la vida de la gracia en sus hijos? Por eso la renovación de verdad, la novedad en la vida cristiana no está en lo que hacemos las personas, sino en lo que hace el Espíritu Santo. ¡Ojalá se grabe esto en tu mente para que no confundas la novedad que nace del evangelio con las ocurrencias que a veces tenemos los hombres!

3. Como venimos considerando Jesús tiene vocación de renovar todo, Él es la auténtica novedad que aporta lo

---

[1] Papa Francisco, *Meditación* (06-07-2013).

que nosotros no podríamos ni imaginar, la vida de los hijos de Dios. Pero que Jesús sea de suyo innovador no quiere decir en absoluto que sea –y se ha dicho no pocas veces– un revolucionario. La renovación del Señor, la novedad del evangelio no es nunca revolucionaria. No lo es, porque la revolución implica siempre violencia y en el evangelio la única violencia es la padecida por Cristo para salvarnos. Pero tampoco lo es porque la revolución es ruptura con lo anterior, y Jesús, como Él mismo afirma, no ha venido a abolir lo anterior sino a darle pleno cumplimiento. Aquí tienes entonces otro criterio para reconocer que la novedad auténtica del evangelio, la que sopla el Espíritu a su Iglesia, no puede ser nunca ruptura, violencia, discontinuidad. Lo mismo que Cristo se apoya en la Escritura y en toda la historia de la salvación para mostrar que Él cumple la promesa, toda novedad y renovación de la vida interior viene apoyada siempre en la historia del pueblo de Dios que camina a lo largo de los siglos sin romperse, no dejar a un lado nada de su pasado. Por eso, tu renovación interior –esa que ojalá pidas cada día al Señor– siempre ha de contar con todo lo que eres, con toda tu historia sin dejar al margen, transformando lo que haya de ser transformado, purificando lo que tenga necesidad de ello y apartándote de los vicios y pecados que te alejan de Dios. Sin romper el paño, sin reventar el odre, sin revoluciones convulsas, pero con calma serena y paciencia divina.

ÍNDICE

NOVENA SEMANA DEL TIEMPO ORDINARIO

DÉCIMA SEMANA DEL TIEMPO ORDINARIO

DECIMOPRIMERA SEMANA DEL TIEMPO ORDINARIO

DECIMOSEGUNDA SEMANA DEL TIEMPO ORDINARIO

DECIMOTERCERA SEMANA DEL TIEMPO ORDINARIO